《国有企业基层党组织工作手册》
编　委　会

前 言

党的力量来自组织，党的工作最坚实的力量支撑在基层。习近平总书记强调，要树立大抓基层的鲜明导向，加强分类指导，科学精准施策，做到“一把钥匙开一把锁”，增强党建工作的针对性和有效性，推动基层党组织全面进步、全面过硬。

近年，河南省直机关各级党组织认真落实中央精神和省委部署，深入学习习近平总书记在中央和国家机关党的建设工作会议上的重要讲话精神，以党的政治建设为统领，以创建模范机关为主线，以推动党的建设高质量发展为主题，把提升组织力、锻造坚强有力的基层党组织作为夯实全面从严治党根基的重要抓手，在推动基层党组织标准化规范化建设、实施分类指导方面积极探索，先后出台《省直机关党支部建设标准》《省直机关党的建设“三级四岗”责任清单》《省直机关基层党组织分类指导实施意见》等制度，持续深化党支部星级评定、“逐支部观摩，整单位提升”等活动载体，让基层组织体系的经脉始终气血畅通，凝聚了加快建设社会主义现代化河南、谱写新时代中原更加出彩绚丽篇章的强大力量。

标准决定质量，有什么样的标准就有什么样的质量，只有高标准才有高质量。为进一步贯彻落实习近平总书记在中央和国家机关党的建设工作会议上的重要讲话精神，持续推动党的建设高质量发展，河南省委直属机关工委深入分析、准确把握党建工作特点和规律，认真总结河南省直机关党建实践经验，结合所属各级党组织类型多、职能各异、工作不平衡的实际，从全面推进基层党组织标准化规范化建设入手，立足分类指导、精准施策，组织编写了基层党组织标准化规范化建设丛书：《机关基层党组织工作手册》《事业单位基层党组织工作手册》《国有企业基层党组织工作手册》，作为各领域加强基层党组织标准化规范化建设的重要指南。

这套丛书着重从党组织设置、党的组织生活、党组织换届选举、发展党员、党员教育管理等方面，对基层党组织建设工作进行规范和说明。呈现出三个特点：一是强化政治性。以习近平总书记重要讲话精神为指引，认真落实新时代党的建设总要求，突出政治导向，深入贯彻落实中央关于党建工作的新理论、新论述、新要求和河南省委的部署要求。二是突出规范性。坚持以《中国共产党党和国家机关基层组织工作条例》《中国共产党国有企业基层组织工作条例（试行）》《中国共产党支部工作条例（试行）》《中国共产党党员教育管理工作条例》等党内法规为依据，围绕党建工作任务，对概念明确诠释，对要求详尽规范，对流程科学梳理，确保标准规范、务实高效。三是注重实用性。坚持问题导向，聚焦各领域基层党组织工作实践和现实需求，为基层党组织提供工作范例，为党务工作者依规操作、实践运用提供指引和参考。

新起点开启新征程。当前，正值“十四五”开局之年，也是中国共产党成立100周年，全面建设社会主义现代化国家，实现第二个百年奋斗目标，迫切需要以党建之力汇聚奋进合力。这套丛书让基层党组织和广大党务工作者行有准则、做有规范，是落实习近平总书记重要讲话精神的生动实践，是推进党建工作守正创新、提质增效的有益探索，对不断加强各领域党的建设，全面提高党的建设质量具有重要意义。

编　者

2021年9月

目 录

第一章 总体要求

党的十八大以来,以习近平同志为核心的党中央高度重视国有企业改革发展和党的建设。2016 年 10 月,党中央专门召开全国国有企业党的建设工作会议,习近平总书记出席会议并发表重要讲话,为加强国有企业党的建设指明了方向。二十大党章为国有企业党组织开展工作、发挥作用提供了根本遵循。

党的二十大报告指出,我们要落实新时代党的建设总要求,健全全面从严治党体系,全面推进党的自我净化、自我完善、自我革新、自我提高,使我们党坚守初心使命,始终成为中国特色社会主义事业的坚强领导核心。

一、国有企业坚持党的领导、加强党的建设总要求

习近平指出,坚持党的领导、加强党的建设,是我国国有企业的光荣传统,是国有企业的“根”和“魂”,是我国国有企业的独特优势。新形势下,国有企业坚持党的领导、加强党的建设,总的要求是:坚持党要管党、从严治党,紧紧围绕全面解决党的领导、党的建设弱化、淡化、虚化、边缘化问题,坚持党对国有企业的领导不动摇,发挥企业党组织的领导核心和政治核心作用,保证党和国家方针政策、重大部署在国有企业贯彻执行;坚持服务生产经营不偏离,把提高企业效益、增强企业竞争实力、实现国有资产保值增值作为国有企业党组织工作的出发点和落脚点,以企业改革发展成果检验党组织的工作和战斗力;坚持党组织对国有企业选人用人的领导和把关作用不能变,着力培养一支宏大的高素质企业领导人员队伍;坚持建强国有企业基层党组织不放松,确保企业发展到哪里、党的建设就跟进到哪里、党支部的战斗堡垒作用就体现在哪里,为做强做优做大国有企业提供坚强组织保证。

二、国有企业党组织工作的指导思想

国有企业党组织必须高举中国特色社会主义伟大旗帜,以马克思列宁主义、

毛泽东思想、邓小平理论、“三个代表”重要思想、科学发展观、习近平新时代中国特色社会主义思想为指导，坚持党的基本理论、基本路线、基本方略，增强“四个意识”、坚定“四个自信”、做到“两个维护”，坚持和加强党的全面领导，坚持党要管党、全面从严治党，突出政治功能，提升组织力，强化使命意识和责任担当，推动国有企业深化改革，完善中国特色现代企业制度，增强国有经济竞争力、创新力、控制力、影响力、抗风险能力，为做强做优做大国有资本提供坚强政治和组织保证。

三、国有企业党组织工作原则

1. 坚持加强党的领导和完善公司治理相统一，把党的领导融入公司治理各环节。

2. 坚持党建工作与生产经营深度融合，以企业改革发展成果检验党组织工作成效。

3. 坚持党管干部、党管人才，培养高素质专业化企业领导人员队伍和人才队伍。

4. 坚持抓基层打基础，突出党支部建设，增强基层党组织生机活力。

5. 坚持全心全意依靠工人阶级，体现企业职工群众主人翁地位，巩固党执政的阶级基础。

四、加强国有企业党的政治建设

1. 国有企业党组织必须把党的政治建设摆在首位，担负起党的政治建设责任，提高政治站位，强化政治引领，增强政治能力，涵养政治生态，防范政治风险，坚决落实党中央决策部署，推动企业聚焦主责主业，服务国家发展战略，全面履行经济责任、政治责任、社会责任。

2. 坚持用党的创新理论武装党员干部职工，突出政治教育和政治训练，推动习近平新时代中国特色社会主义思想进企业、进车间、进班组、进头脑，引领职工群众听党话、跟党走。开展中国特色社会主义和实现中华民族伟大复兴中国梦宣传教育，加强爱国主义、集体主义、社会主义教育，抓好形势政策教育。

3. 坚持以社会主义核心价值观引领企业文化建设，传承弘扬国有企业优良传统和作风，培育家国情怀，增强应对挑战的斗志，提升产业兴国、实业报国的精气神。深化文明单位创建，组织开展岗位技能竞赛，开展群众性文化体育活动，弘扬劳模精神、工匠精神，大力宣传、表彰先进典型，发挥示范引领作用，造就有理想守信念、懂技术会创新、敢担当讲奉献的新时代国有企业职工队伍。

4. 把思想政治工作作为经常性、基础性工作，把解决思想问题同解决实际问题结合起来，多做得人心、暖人心、稳人心的工作，积极构建和谐劳动关系，努力将矛盾化解在基层。健全落实企业领导人员基层联系点、党员与职工结对帮带等制度，定期开展职工思想动态分析，有针对性做好人文关怀和心理疏导。注意在企业改革重组、化解过剩产能、处置“僵尸企业”和企业破产等过程中，深入细致做好思想工作，解决职工群众困难，引导职工群众拥护支持改革，积极参与改革。

5. 坚持党建带群建，充分发挥群团组织桥梁纽带作用，推动群团组织团结动员职工群众围绕企业改革发展和生产经营建功立业，多为职工群众办好事、解难事，维护和发展职工群众利益。

第二章　党组织设置标准和规范

《中国共产党章程》第三十条规定:“企业、农村、机关、学校、医院、科研院所、街道社区、社会组织、人民解放军连队和其他基层单位,凡是有正式党员三人以上的,都应当成立党的基层组织。”

国有企业在推进混合所有制改革过程中,应当同步设置或者调整党的组织,理顺党组织隶属关系,同步选配好党组织负责人和党务工作人员,有效开展党的工作。

一、国有企业基层党组织的设置

党的基层组织是党在社会基层组织中的战斗堡垒,是党的全部工作和战斗力的基础,是确保党的路线方针政策和决策部署贯彻落实的基础。根据工作需要和党员人数,经上级党组织批准,分别设立党的基层委员会、总支部委员会、支部委员会。

(一)国有企业党的基层委员会

1. 国有企业党员人数 100 人以上的,设立党的基层委员会(以下简称党委)。党员不足 100 人、确因工作需要的,经上级党组织批准,也可以设立党的基层委员会。经党中央批准,中管企业一般设立党组,中管金融企业设立党组性质党委。

2. 国有企业党委一般由 5 至 9 人组成,最多不超过 11 人,其中书记 1 人、副书记 1 至 2 人。设立常务委员会的,党委常务委员会委员一般 5 至 7 人、最多不超过 9 人,党委委员一般 15 至 21 人。党委委员一般应当有 3 年以上党龄,其中中央企业及其直属企业(单位)、省属国有企业的党委委员应当有 5 年以上党龄。

(二)国有企业党的总支部委员会

1. 国有企业党员人数 50 人以上、100 人以下的,设立党的总支部委员会(以下简称党总支）。党员人数不足50人、确因工作需要的，经上级党组织批准，也可以设立党总支。

2. 国有企业党总支一般由5至7人组成，最多不超过9人。党总支书记一般应当有1年以上党龄。

（三）国有企业党的支部委员会

1. 国有企业正式党员3人以上的，成立党支部。正式党员不足3人的单位，应当按照地域相邻、行业相近、规模适当、便于管理的原则，成立联合党支部。联合党支部覆盖单位一般不超过5个。为期6个月以上的工程、工作项目等，符合条件的，应当成立党支部。

2. 国有企业正式党员7人以上的党支部，设立支部委员会。正式党员不足7人的党支部，设1名书记，必要时可以设1名副书记。支部委员会由3至5人组成，一般不超过7人。党支部书记一般应当有1年以上党龄。

3. 党支部根据党员数量和工作需要科学设置党小组。具体要求：

（1）党员人数在20人以上的党支部，一般应当划分若干党小组，不足20人的，可以根据工作需要划分党小组。

（2）每个党小组不应少于3名党员，其中至少要有1名正式党员；设党小组长1人，由党支部指定，也可以由党小组党员推荐产生。

（3）党小组的建立、调整和撤销，由党支部决定并报上级党组织备案。党支部设置或者工作形势发生变化的，可以根据需要对党小组的设置作出相应调整。

（四）国有企业临时党组织

1. 为执行某项任务临时组建的工程项目、研发团队等机构，党员组织关系不转接的，经上级党组织批准，可以成立临时党组织。

2. 临时党组织领导班子成员由批准其成立的党组织指定。

3. 临时党组织主要组织党员开展政治学习，教育、管理、监督党员，对入党积极分子进行教育培养等，一般不发展党员、处分处置党员，不收缴党费，不选举党代表大会代表和进行换届。

二、国有企业基层党组织的成立、撤销

《中国共产党章程》第十三条规定：“凡是成立党的新组织，或是撤销党的原有组织，必须由上级党组织决定。”

（一）国有企业基层党组织的成立

1. 向上级党组织提交建立党组织的请示。请示的内容包括：建制单位的工作性质、人员数量等简要情况；现有正式党员、预备党员的数量，建立党组织的依据和理由；党组织委员会组成人数和委员设置方案等。

2. 上级党组织召开会议研究决定并批复，批复时间一般不超过一个月。

3. 上级党组织批准后，应召开党员大会或者党员代表大会，以无记名投票方式选举产生委员。

4. 召开党组织委员会第一次全体会议，选举产生党组织书记、副书记，并对委员进行分工。

5. 向上级党组织报告党组织委员会组成的情况。报告的主要内容包括：选举党组织委员会的依据；党员大会或者党员代表大会进行选举的简要情况；党组织委员会选举书记、副书记的情况以及党组织委员的分工情况。

6. 上级批复。党组织委员会开始工作，履行职责。

7. 根据工作需要，上级党组织可以直接作出在基层单位成立基层党组织的决定。

（二）国有企业基层党组织的撤销

基层党组织的撤销一般按照“谁批准成立、谁批准撤销”的原则办理，由基层党组织提出申请，上级党组织研究决定并批复；上级党组织也可直接作出撤销所属党组织的决定。

1. 召开党组织委员会会议。拟撤销的党组织召开委员会会议，提出并研究撤销党组织事宜。

2. 向上级党组织提出书面请示。请示一般包含以下内容：

（1）目前该党组织的基本情况、包括党员人数（正式党员和预备党员）及分布情况。

（2）撤销党组织的理由。

（3）撤销后现有党员的安置办法。

3. 上级党组织研究审批。上级党组织了解申请撤销的理由是否充分，现有党员的安置办法是否妥当，提交会议研究，根据会议研究结果进行批复。

4. 妥善安排撤销后党员的组织生活。接到批复后，通知被撤销党组织的所有党员，告知他们所去的党组织。将组织关系调整到新的党支部。

5. 党委对下属党组织调整变动情况，须报上级党委组织部门备案。

6. 根据工作需要，党委可以直接作出撤销党支部的决定。临时组建的机构撤销后，临时党支部自然撤销。

（三）国有企业基层党组织的规范名称

基层党组织的名称一般应与单位的名称相一致，使用规范全称、规范简称。

1. 规范全称

中共×××委员会、中共×××总支部委员会、中共×××支部委员会。

2. 规范简称

×××党委、×××党总支、×××党支部。

联合党组织可用若干单位或部门名称为党组织名称，也可以用一个单位或部门名称为党组织名称。党组织名称变更需经批准成立该党组织的上级党组织审批。

三、国有企业基层党组织及委员会书记、委员的职责

深刻认识和正确把握基层党组织在党的建设中地位作用、职能定位、核心任务，是团结和带领广大党员干部把党的各项主张贯彻落实到服务群众中去的重要保障。

（一）国有企业党委（党组）主要职责

国有企业党委（党组）发挥领导作用，把方向、管大局、保落实，依照规定讨论和决定企业重大事项。主要职责是：

1. 加强企业党的政治建设，坚持和落实中国特色社会主义根本制度、基本制度、重要制度，教育引导全体党员始终在政治立场、政治方向、政治原则、政治道路上同以习近平同志为核心的党中央保持高度一致。

2. 深入学习和贯彻习近平新时代中国特色社会主义思想，学习宣传党的理论，贯彻执行党的路线方针政策，监督、保证党中央重大决策部署和上级党组织决议在本企业贯彻落实。

3. 研究讨论企业重大经营管理事项，支持股东（大）会、董事会、监事会和经理层依法行使职权。

4. 加强对企业选人用人的领导和把关，抓好企业领导班子建设和干部队伍、人才队伍建设。

5. 履行企业党风廉政建设主体责任，领导、支持内设纪检组织履行监督执纪问责职责，严明政治纪律和政治规矩，推动全面从严治党向基层延伸。

6. 加强基层党组织建设和党员队伍建设，团结带领职工群众积极投身企业改革发展。

7. 领导企业思想政治工作、精神文明建设、统一战线工作，领导企业工会、共青团、妇女组织等群团组织。

（二）国有企业党支部（党总支）以及内设机构中设立的党委主要职责

国有企业党支部（党总支）以及内设机构中设立的党委围绕生产经营开展工作，发挥战斗堡垒作用。主要职责是：

1. 学习宣传和贯彻落实党的理论和路线方针政策，宣传和执行党中央、上级党组织和本组织的决议，团结带领职工群众完成本单位各项任务。

2. 按照规定参与本单位重大问题的决策，支持本单位负责人开展工作。

3. 做好党员教育、管理、监督、服务和发展党员工作，严格党的组织生活，组织党员创先争优，充分发挥党员先锋模范作用。

4. 密切联系职工群众，推动解决职工群众合理诉求，认真做好思想政治工作。领导本单位工会、共青团、妇女组织等群团组织，支持它们依照各自章程独立负责地开展工作。

5. 监督党员、干部和企业其他工作人员严格遵守国家法律法规、企业财经人事制度，维护国家、集体和群众的利益。

6. 实事求是对党的建设、党的工作提出意见建议，及时向上级党组织报告重要情况。按照规定向党员、群众通报党的工作情况。

（三）国有企业党组织书记、委员的主要职责

1. 国有企业基层党委书记的主要职责

基层党委书记是党的基层委员会的主要负责人。党委书记在委员会的集体领导下，按照党员代表大会（党员大会）和党委会会议的决议主持党委的日常工作。主要职责是：

（1）负责召集委员会会议和党员大会；结合本单位的具体情况，认真传达贯彻执行党的路线方针政策和上级的决议、指示；研究安排委员会工作，将委员会工作中的重大问题，及时提交委员会和党员大会讨论决定。

（2）了解和掌握党员的思想、工作和学习情况，发现问题及时解决，做好经

常性的思想政治工作。

(3)检查委员会的工作计划、决议执行情况,按时向委员会、党员大会和上级党组织报告工作。

(4)经常同委员会委员、行政领导保持密切的联系,交流情况,支持他们的工作。

(5)领导和支持本单位工会、共青团和妇女组织等群团组织依照各自章程独立负责地开展工作,充分调动各方面的积极性。

(6)搞好班子自身建设,充分发挥委员会的集体领导作用。

2. 国有企业党支部书记的主要职责

党支部书记主持党支部全面工作,督促党支部其他委员履行职责、发挥作用,抓好党支部委员会自身建设,向党支部委员会、党员大会和上级党组织报告工作。

(1)负责召集党支部委员会会议和党支部党员大会,结合本单位的具体情况,认真传达贯彻执行党的路线、方针、政策和上级的决议、指示;研究安排党支部工作,将党支部工作中的重大问题及时提交党支部委员会会议和党支部党员大会讨论决定。

(2)做好经常性的思想政治工作,了解掌握党员的思想、工作和学习情况,发现问题及时解决。

(3)检查党支部的工作计划、决议的执行情况和出现的问题,按时向党支部委员会、党支部党员大会和上级党组织报告工作。

(4)经常与党支部委员交流情况,保持密切联系,支持他们的工作,充分调动各方面的积极性。

(5)抓好党支部委员自身的学习,按时召开组织生活会,充分发挥党支部委员会的集体领导作用。

3. 国有企业党支部副书记的主要职责

党支部副书记协助党支部书记开展工作,书记不在时,由副书记主持党支部的日常工作。

4. 国有企业党支部组织委员的主要职责

(1)了解和掌握支部的组织状况,根据需要提出划分或调整党小组的意见,检查和督促党小组过好组织生活。

（2）了解和掌握党员的思想状况，协同宣传委员、纪律检查委员，对党员进行思想教育和纪律教育。

（3）做好发展党员工作。负责对入党积极分子和预备党员进行培养、教育和考察，提出发展党员的意见，办理接收新党员和预备党员转正的手续。

（4）做好党员管理工作。根据本支部的实际情况，组织开展好民主评议党员活动和优秀党员评选活动，收集和整理党员的模范事迹，向支委会提出表扬、奖励党员的建议；转接党员的组织关系；按时收缴党费，定期向党员公布党费收缴情况；做好党内统计工作。

5. 国有企业党支部宣传委员的主要职责

（1）了解掌握党内外群众的思想情况，根据不同时期党的工作中心和任务以及上级党组织的指示，提出和拟定学习、宣传教育工作的意见、建议和计划；充分利用广播、电视、网络、新媒体等宣传工具，组织开展好宣传工作。

（2）组织党员学习马克思列宁主义、毛泽东思想、邓小平理论、“三个代表”重要思想、科学发展观、习近平新时代中国特色社会主义思想，学习党的路线、方针、政策及决议，学习党的基本知识，学习科学、文化、法律和业务知识；做好思想政治工作。

（3）做好党报、党刊的订阅、发放工作。

（4）指导本单位的党员群众学习科学、技术、文化知识，协助群团组织开展文体活动。

6. 国有企业党支部纪律检查委员的主要职责

（1）了解并向支部委员会和上级纪律检查委员会反映本单位党员执行纪律的情况。协同组织委员、宣传委员经常对党员进行党性、党纪、党风教育。

（2）了解党员执行党的路线、方针、政策，遵守党纪和国家法律法规的情况，并进行监督检查。

（3）负责办理处分党员的具体手续，对受党纪处分的党员进行考察教育。

（4）受理并向支部委员会和上级党组织转递党员的控告和申诉。

7. 国有企业党支部青年委员的主要职责

（1）认真贯彻执行党支部关于共青团工作的指示和要求，围绕党的中心工作，指导团组织积极开展工作，充分发挥其党的助手作用。

（2）教育团员和青年努力学习马克思列宁主义、毛泽东思想、邓小平理论、

“三个代表”重要思想、科学发展观、习近平新时代中国特色社会主义思想，学习党的路线、方针、政策，学习现代科学文化知识，热爱本职工作，精通业务，积极为中国特色社会主义事业作贡献。

(3)指导团组织加强对团员和青年的政治思想教育，教育团员和青年做有理想、有道德、有文化、有纪律的中国特色社会主义新人。

(4)发动团员、青年参加健康有益的文体活动，增强体质，活跃文化生活。

8. 国有企业党支部群众工作委员的主要职责

(1)经常深入群众，了解情况，做好群众的思想政治工作。

(2)教育党员牢记群众观点和群众路线，联系本支部实际，制订支部群众工作计划和措施。

(3)听取群众的意见和要求，及时向党支部汇报，便于党支部定期讨论群众工作中的重大问题。

四、国有企业纪律检查委员会的设置及职责

(一)国有企业纪律检查委员会的设置

国有企业党委设立纪律检查委员会或者纪律检查委员，党总支和支部委员会设立纪律检查委员。党的纪律检查委员会书记一般由党的基层委员会委员担任。

(二)国有企业纪律检查委员会的职责

国有企业纪律检查委员会的职责是监督、执纪、问责，主要包括：

1. 维护党章和其他党内法规，经常对党员进行遵守纪律的教育，作出关于维护党纪的决定。

2. 检查党组织和党员贯彻执行党的路线、方针、政策和决议的情况，对党组织和党员领导干部履行职责、行使权力进行监督。

3. 协助党的基层委员会推进全面从严治党、加强党风建设和组织协调反腐败工作。

4. 受理处置党员群众检举举报，开展谈话提醒、约谈函询。

5. 按照有关规定，检查、处理党组织和党员违反党章和其他党内法规的案件，决定或者取消对这些案件中的党员的处分；进行问责或者提出责任追究的建议。

6. 受理党员控告和申诉;保障党员权利。

(三)国有企业纪律检查委员会书记的职责

1. 主持纪委的全面工作。认真贯彻执行党的路线、方针政策和国家法律法规行政规章制度,组织纪委落实好本级党委和上级纪检监察部门指示、决议、工作部署及交办的各项任务,及时向本级党委和上级纪检监察部门请示、汇报工作。

2. 协助党委抓好领导班子的党风廉政建设。协助党委书记对班子成员抓党风廉政建设责任制和廉洁自律情况进行监督、检查,督促检查企业所属单位领导班子成员廉洁自律和抓党风廉政建设责任制的落实情况,并帮助解决问题。

3. 组织协调纪委副书记、纪委委员抓好案件检查、监察和案件审理、控告申诉、监督、教育、调研以及效能监察等日常工作;主持召开纪检监察工作会议指导检查所属单位的纪检监察工作。

4. 负责抓好纪委班子和纪检监察队伍的思想作风建设、组织建设和业务建设。

5. 组织纪委换届改选筹备工作,代表纪委向党员代表大会报告工作,接受监督,改进纪检监察工作。

6. 完成本级党委和上级纪检监察部门交办的其他任务。

附录　【参考文本】

1. 关于成立中共×××委员会和纪律检查委员会的请示(例文)
2. 关于同意成立中共×××委员会和纪律检查委员会的批复(例文)
3. 关于成立中共×××(总)支部委员会的请示(例文)
4. 关于同意成立中共×××(总)支部委员会的批复(例文)
5. 关于撤销中共×××支部委员会的通知(例文)

1. 关于成立中共×××委员会和纪律检查委员会的请示(例文)

关于成立中共×××委员会和纪律检查委员会的请示

中共×××委员会:

为全面加强和完善党对国有企业的领导,经×××会议研究,拟成立中共×××委员会和纪律检查委员会,现请示如下:

×××单位现有党员×××人,其中:正式党员×人,预备党员×人。根据《中国共产党章程》和《中国共产党国有企业基层组织工作条例(试行)》等有关规定,拟成立中共×××委员会和纪律检查委员会。

中共×××委员会拟设委员×名,其中设书记1名,副书记×名。中共××纪律检查委员会拟设委员×名,其中设书记1名,副书记×名。

妥否,请批示。

×××(单位)党组织筹备组(代章)

××××年××月××日

2. 关于同意成立中共×××委员会和纪律检查委员会的批复(例文)

关于同意成立中共×××委员会
和纪律检查委员会的批复

×××单位党组织筹备组：

你们《关于成立中共×××委员会和纪律检查委员会的请示》收悉。经研究，现批复如下：

同意成立中共×××委员会和纪律检查委员会，请按《中国共产党章程》和《中国共产党基层组织选举工作条例》相关规定适时召开党员代表大会(党员大会)，选举产生中共×××委员会和纪律检查委员会。

中共×××委员会

××××年××月××日

3. 关于成立中共×××(总)支部委员会的请示(例文)

关于成立中共×××(总)支部委员会的请示

中共×××委员会:

×××(单位)成立于××××年××月,现有干部职工××人,其中中共正式党员×人,预备党员×人。为了进一步规范党员的教育和管理,充分发挥基层党组织和党员在日常生产管理中的先锋模范作用,最大限度地提高党员为群众服务的能力……(主要原因),根据《中国共产党章程》和《中国共产党支部工作条例(试行)》的有关规定,现申请成立中共×××(总)支部委员会。

中共×××(总)支部委员会拟设委员×名,其中设书记1名,副书记×名。

妥否,请批示。

××(单位)党组织筹备组

××××年××月××日

4. 关于同意成立中共×××(总)支部委员会的批复(例文)

关于同意成立中共×××(总)支部委员会的批复

×××(单位)党组织筹备组：

《关于成立中共×××(总)支部委员会的请示》收悉。经×××公司党委会议研究,现批复如下：

同意成立中共×××(总)支部委员会,请按党章和《中国共产党基层组织选举工作条例》的规定适时召开党员大会选举产生中共×××(总)支部委员会。

中共×××委员会

××××年××月××日

5. 关于撤销中共×××支部委员会的通知(例文)

关于撤销中共×××支部委员会的通知

公司所属各级党组织:

因机构改革,经研究决定,撤销中共×××支部委员会。原党支部委员会组成人员相关职务自行免除,不再另行发文。

请各相关党组织及时按有关规定做好党员组关系接转和原党支部党建工作资料的交接、归档等工作。

中共×××委员会

××××年××月××日

第三章 党的组织生活标准和规范

党的组织生活是党内政治生活的重要内容和载体，是党组织对党员进行教育管理监督的重要形式。中共中央先后印发《关于新形势下党内政治生活的若干准则》《中国共产党支部工作条例(试行)》，对坚持党的组织生活各项制度，创新方式方法，增强党的组织生活活力提出明确要求。任何党员都不能游离于党的组织之外，更不能凌驾于党的组织之上。每个党员无论职务高低，都要参加党的组织生活。党组织要严格执行组织生活制度，确保党的组织生活经常、认真、严肃。

一、“三会一课”

“三会一课”是严肃党的组织生活，对党员进行教育管理和监督的重要制度，具体指党支部党员大会、党支部委员会会议、党小组会和党课，要突出政治学习和教育，突出党性锻炼，坚决防止表面化、形式化、娱乐化、庸俗化。

(一)党支部党员大会

党支部党员大会是党支部的议事决策机构，由全体党员参加，一般每季度召开1次。

1. 主要内容

(1)听取和审查党支部委员会的工作报告。

(2)按照规定开展党支部选举工作，推荐出席上级党代表大会的代表候选人，选举出席上级党代表大会的代表。

(3)讨论和表决接收预备党员和预备党员转正、延长预备期或者取消预备党员资格。

(4)讨论决定对党员的表彰表扬、组织处置和纪律处分。

(5)决定其他重要事项。

2. 基本程序

（1）会前准备

①确定支部党员大会的议题，议题要明确，中心要突出。

②将会议的内容、目的、时间和要求等提前通知全体党员。

③会前尽可能听取因故无法参会的党员对议题的意见，并把他们的意见转达给支部党员大会。

④根据需要，可邀请党外人士和申请入党的积极分子列席会议。必要时请上级党组织派人参加。

（2）会议召开

①党员大会由支部书记召集并主持，书记不能参加会议的，可以委托副书记或者委员召集并主持。

②清点到会人数，半数以上有表决权的党员到会方可进行，主持人宣布会议是否有效。

③开会时，主持人引导大家围绕中心议题充分讨论，并形成统一的意见。

④形成会议决议。在充分讨论的基础上，按照少数服从多数的原则，集中多数意见形成决议，赞成人数超过应到会党员的半数为通过。

⑤做好会议记录。记录的内容为：会议时间、地点、党员出席和缺席情况，大会的中心议题，党员发言的要点，讨论中的不同意见，党支部党员大会作出的决议等。

（3）会后工作

①会议决议要及时向未到会的党员传达；需要上级党组织审批的，及时报上级党组织审批，并在规定的时限内按要求落实。

②分工贯彻落实。

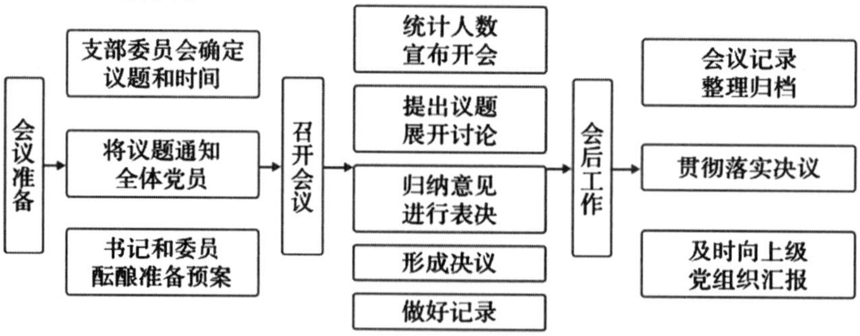

党支部党员大会流程

③会议记录整理归档。

(二)党支部委员会会议

党支部委员会是支部日常工作的领导机构。党支部委员会会议一般每月召开1次,根据需要可以随时召开,对党支部重要工作进行讨论、作出决定等。党支部委员会会议须有半数以上委员到会方可进行。重要事项提交党员大会决定前,一般应当经党支部委员会会议讨论。

1. 主要内容

(1)传达、学习党的路线方针政策和上级党组织的决议、指示精神,结合实际制定本支部贯彻意见,并检查贯彻执行的情况。

(2)讨论并决定本支部重大问题。研究制定党支部工作计划和重要活动的安排,检查落实情况。

(3)研究党支部自身建设情况,定期分析党员队伍、入党积极分子队伍状况,研究讨论入党积极分子的培养教育,新党员发展及预备党员转正工作。经常讨论和检查本支部的宣传工作、组织工作、纪律检查工作、群众工作等,注意研究党员、群众的思想政治状况。

(4)研究群团工作的重大事项。包括群众的思想倾向和如何做好群众思想政治工作,以及工会、共青团工作中的重要问题。

(5)研究其他需要党支部委员会讨论的重要事项。

(6)召开组织生活会,开展批评和自我批评。

2. 基本程序

(1)会前准备

①确定支部委员会会议议题,提前将会议的议题、时间、地点通知每个委员。研究决定重大问题时,会前应广泛听取党内外群众的意见。

②为便于统一思想,支部委员应在会前就研究的有关问题沟通看法、交换意见,会上应避免临时动议。

(2)召开会议

①支部委员会会议由支部书记召集并主持。书记不能参加会议的,可以委托副书记或者委员召集并主持。

②会议开始,主持人报告委员的应到数、实到数、缺席数;如有缺席,说明委员缺席的原因,宣布会议是否有效。宣布开会,提出议题,围绕会议的中心议题

按规定程序主持讨论。

③进行集体讨论,形成会议决议。按照集体领导、民主集中、个别酝酿、会议决定的原则,形成决议或作出决定,赞成人数超过应到会委员的半数为通过。

④做好会议记录。记录的内容为:时间、地点,出席人员、缺席人员,会议议题、主持人,党支部委员的发言要点,通过的决议,记录人姓名等。

(3)会后工作

①会议决议形成后,党支部委员要按照分工认真组织实施,并对决议的执行情况进行检查督促。

②会议记录整理归档。

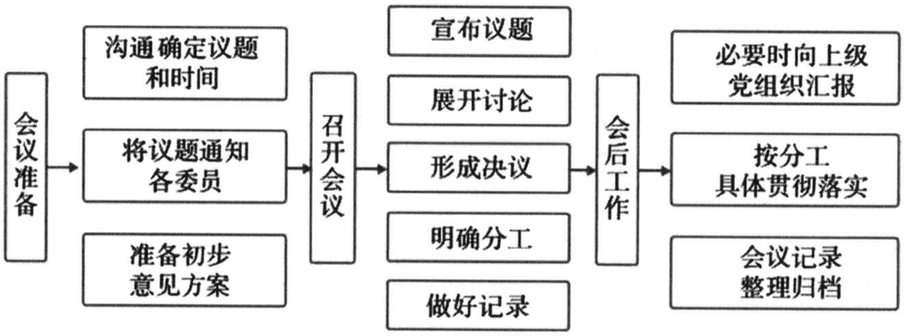

党支部委员会会议流程

(三)党小组会

党小组会是党小组活动的主要形式,也是党员组织生活的重要组成部分。党小组会一般每月召开 1 次。

1. 主要内容

(1)组织党员学习党的路线、方针、政策,学习马克思列宁主义、毛泽东思想、邓小平理论、“三个代表”重要思想、科学发展观、习近平新时代中国特色社会主义思想,传达党内文件和党的决议。

(2)根据党支部的布置,讨论本小组的工作以及党员应该承担和完成的任务,研究贯彻执行决议的办法。按照实际情况,分配每个党员一定的工作,具体地组织党员去实现支部的决议。

(3)按要求召开组织生活会,开展民主评议党员,组织党员参加主题党日活动,按时收缴党费。

(4)讨论分析入党积极分子、发展对象和预备党员的思想、学习、工作状况,并向党支部提出意见和建议。

(5)组织党员在群众中宣传党的政策和决议,做好群众的思想政治工作,经常向党支部委员会反映群众的意见和要求

2. 基本程序

(1)会前准备

①确定会议内容。开会前,党小组组长应与支部书记或有关支部委员商定党小组会的内容、召开的方法以及应注意的问题。党小组会的内容要集中,主题要突出。

②确定会议时间和内容后,通知到每个党员,做好准备。研究决定重要问题时,会前应广泛听取各方面意见。

(2)召开会议

①党小组会由党小组长召集并主持。

②党小组长应掌握好中心议题,引导党员围绕议题发表意见,展开讨论。

③会议结束前,党小组长要归纳总结。

④做好会议记录。记录的内容为:时间、地点,出席人员、缺席人员,会议主题,主持人,发言要点,记录人姓名等。

(3)会后工作

①党小组长将会议情况及时向党支部汇报,并组织实施。

②党支部要定期检查党小组会的情况,发现问题及时督促改进。

③会议记录整理归档。

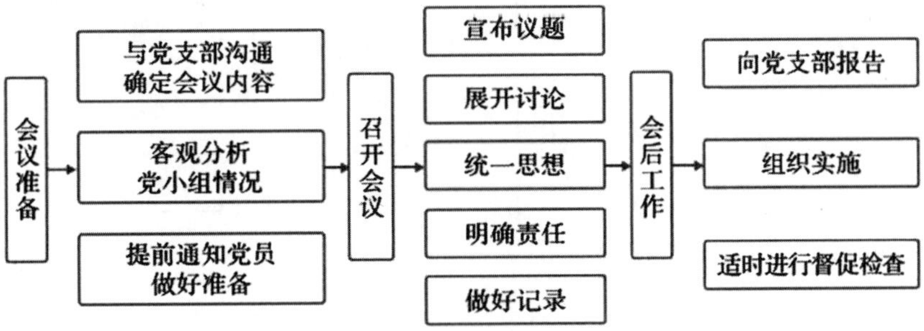

党小组会流程

(四)党课

党课是党组织对党员进行教育的有效方法,应当针对党员思想和工作实际,回应普遍关心的问题,注重身边人讲身边事,增强吸引力感染力。党员领导干部

每年至少讲1次党课。

1. 课前准备

（1）由党支部委员会确定党课主题、授课人和时间。

（2）确定时间和内容后，要提前通知到每个党员，做好准备。

（3）授课人要认真备课，熟悉教育内容，明确教育重点、难点和基本思路。一般要进行思想摸底，充分调查了解党员的思想反映。认真编写教案，主要包括党课的目的与内容、观点与事例、归纳提示的重点结论、讨论思考题等。可依据教案进行小范围的试讲，征求意见，进行补充完善。

2. 组织实施

（1）党课一般由党支部书记主持。党支部书记因故缺席，由党支部副书记或党支部委员主持。

（2）授课人在进行课堂讲授时，依据教案以口语表达和一定的辅助手段相结合，具体进行讲解。

（3）授课完毕后，主持人除要围绕党课需要掌握的重点思想观点进行归纳小结外，一般还要组织授课对象开展讨论。

3. 课后工作

党课有关资料整理归档。听取意见建议，对党课内容、形式进一步改进、完善。

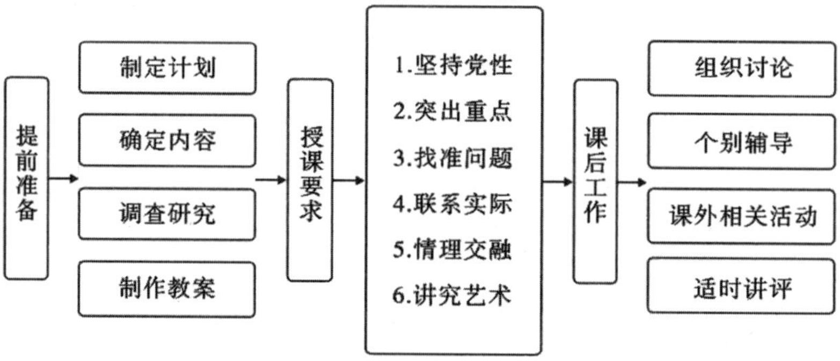

党课流程

二、民主生活会和组织生活会

坚持和完善民主生活会和组织生活会制度，对新形势下加强和规范党内政治生活，增强党自我净化、自我完善、自我革新、自我提高能力，实现党的正确领导，维护党的团结和集中统一，具有重要作用。

(一)民主生活会

民主生活会,是指党员领导干部召开的旨在开展批评和自我批评的组织生活制度,是党内政治生活的重要内容,是发扬党内民主、加强党内监督、依靠领导班子自身力量解决矛盾和问题的重要方式。

1. 会议内容

民主生活会应当确定主题,一般由上级党组织统一确定,或者由领导班子根据自身建设实际确定,并报上级党组织同意。民主生活会应当围绕主题,就以下基本内容进行对照检查,开展批评和自我批评:

(1)遵守党章,坚定理想信念,贯彻党的理论路线方针政策和决议,执行党的政治纪律和政治规矩,维护党中央权威的情况。

(2)加强领导班子自身建设,实行民主集中制,维护领导班子团结,严格党的组织生活制度,坚持正确用人导向,开展批评和自我批评的情况。

(3)正确行使权力,履职尽责、积极作为,坚持科学决策、民主决策、依法决策,反对特权、秉公用权的情况。

(4)带头践行社会主义核心价值观,艰苦奋斗,清正廉洁,遵纪守法,注重家庭、家教、家风,教育管理好亲属和身边工作人员的情况。

(5)执行党的群众路线,站稳人民立场,改进领导作风,深入调查研究,密切联系群众的情况。

(6)履行全面从严治党主体责任和监督责任,加强党风廉政建设和反腐败工作的情况。受到诫勉谈话的,应当说明整改情况。

2. 会议要求

民主生活会每年至少召开 1 次,一般安排在第四季度。因特殊情况需要提前或者延期召开的,应当报上级党组织同意。

民主生活会到会人数必须达到应到会人数的三分之二以上。

领导班子遇到重要或者普遍性问题,出现重大决策失误或者对突发事件处置失当,经纪律检查、巡视巡察和审计发现重要问题,以及发生违纪违法案件等情况的,应当专门召开民主生活会,及时剖析整改。

3. 会议流程

(1)会前准备

召开民主生活会应当制定会议方案,提前 10 日报上级党组织审核,并做好以下准备工作：

①领导班子成员认真学习党章党规和党的创新理论以及有关文件，提高思想认识，把握标准要求。

②由党委（党组）或者委托组织部门、基层党组织征求党员、干部和群众的意见建议，并如实向领导班子及其成员反馈。领导班子成员应当就反映本人的有关问题，向组织作出说明。

③领导班子成员之间互相谈心谈话，交流思想，交换意见，并与分管单位主要负责人谈心，也可接受党员、干部约谈。

④撰写领导班子对照检查材料和个人发言提纲，查摆问题，进行党性分析，提出整改措施。个人发言提纲应当自己动手撰写，并按规定说明个人有关事项。

（2）召开会议

民主生活会由领导班子主要负责人主持，一般按以下程序进行：

①通报上一次民主生活会整改措施落实情况和本次民主生活会征求意见情况。

②主要负责人代表领导班子作对照检查。

③领导班子成员逐一进行对照检查，作自我批评，其他成员对其提出批评意见。

④主要负责人总结会议情况，提出整改工作要求。

因故缺席的人员应当提交书面发言材料。会后，将会议情况和批评意见转告缺席人。

上级党组织应当通过派出督导组、派人列席等方式，对下级单位召开的民主生活会进行督促检查和指导，具体工作由组织部门会同纪律检查机关负责。对问题突出的领导班子，上级党组织主要负责人应当亲自过问，派出得力的负责人列席民主生活会，严肃指出问题、深入分析原因、切实帮助解决。

（3）会后工作

①报送情况报告。民主生活会结束后15日内，应当将会议情况报告和会议记录报上级党组织，并报送上级纪委和党委组织部门。报告的主要内容是：征求意见的情况、开展批评和自我批评的情况、检查和反映出来的主要问题及整改措施。

②通报会议情况。民主生活会召开情况应当向下级党组织或本单位通报，

自觉接受党员群众的监督评议，对于群众普遍关心问题的整改措施，以适当方式公布。

③抓好整改落实。民主生活会后，对检查和反映出来的问题，领导班子及成员要逐个进行梳理，明确整改方向，列出整改清单，制定整改措施，提出整改时限，把存在的问题一个一个解决到位。对群众反映强烈的突出问题，要进行专项整治。需要上级党组织帮助解决的，应当及时向上级党组织报告。反映领导班子成员的违纪问题，由党的纪律检查机关处理。

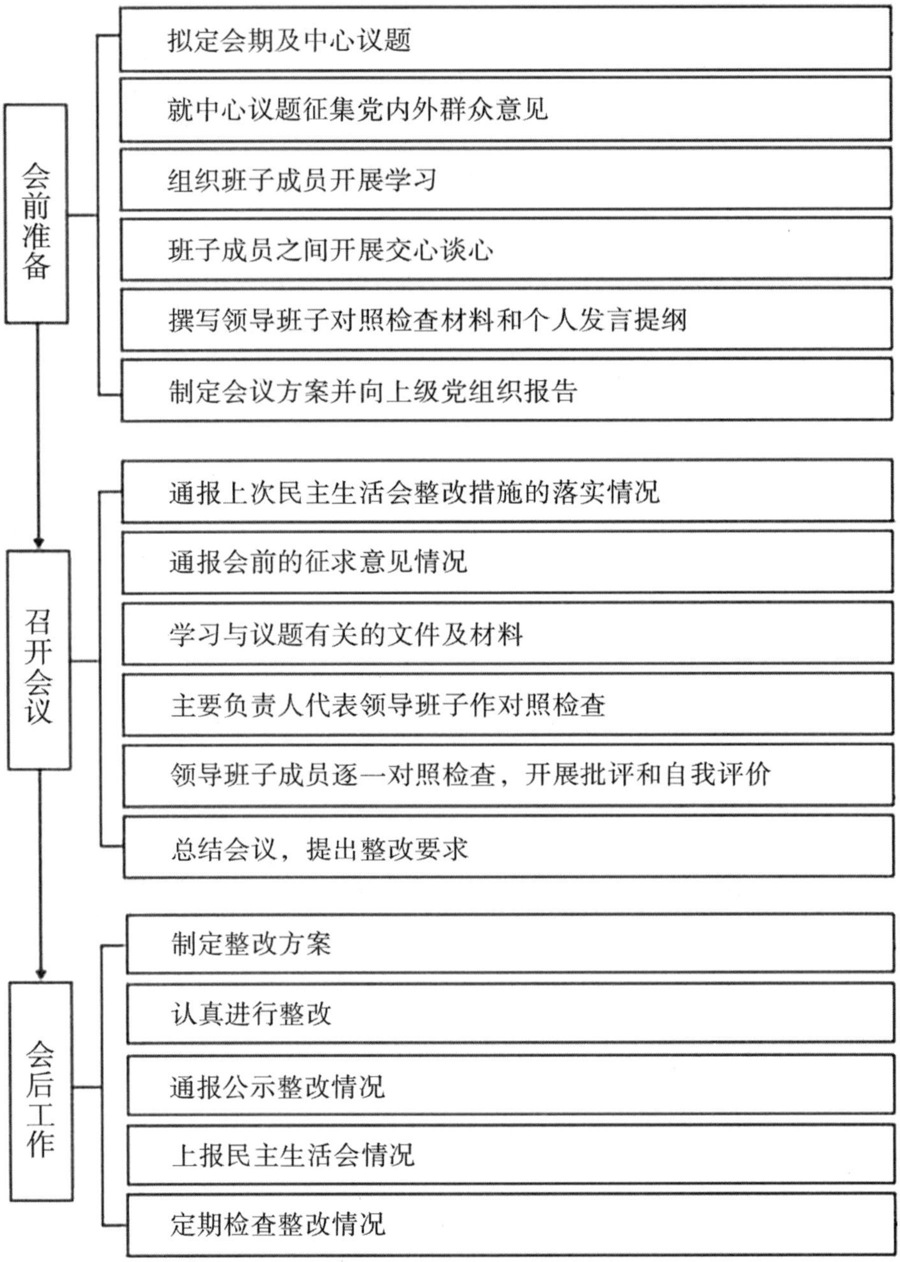

民主生活会流程

(二)组织生活会

组织生活会,是党支部或党小组以交流思想、总结经验教训、开展批评和自我批评为中心内容的组织生活制度。

1. 会议内容

组织生活会应当围绕主题,一般就以下基本内容进行对照检查,开展批评和自我批评：

（1）党支部委员会要对照党章、《中国共产党支部工作条例（试行）》等规定的职责任务，对照贯彻落实上级党组织部署要求和专项整治、巡视巡察等情况，对照群众的期待，查找存在问题和不足，开展批评和自我批评，尤其要查找在发挥政治功能和组织力方面还有哪些差距，工作中是否存在形式主义、官僚主义等问题。

（2）党员对照合格党员标准、对照入党誓词、对照身边先进典型，联系实际进行党性分析，开展批评和自我批评。

2. 会议要求

党支部每年至少召开 1 次组织生活会，一般安排在第四季度，也可以根据工作需要随时召开。组织生活会一般以党支部党员大会、党支部委员会会议或者党小组会形式召开。党员领导干部应当以普通党员身份参加所在党支部（党小组）的组织生活会，过好双重组织生活。

3. 会议流程

（1）会前准备

认真做好组织生活会的准备工作，是保证会议质量的重要前提。一般来说，应做好以下准备工作：

①党支部要组织党员集中学习、相互交流，准确把握党中央要求，准确把握上级党组织部署，把党支部职责任务搞清楚，把合格党员标准搞清楚，打牢开好组织生活会思想基础。对因身体、外出等原因不能参加集中学习的党员，党支部要向他们传达相关要求，提供必要的学习资料。

②党支部委员之间、党支部委员和党员之间、党员和党员之间开展谈心谈话，坦诚交流，沟通思想，指出存在问题、交换意见建议。党支部书记重点同新发展党员、新转入党员、流动党员、生活困难党员、年老体弱党员、受到处分处置党员谈心谈话，征求对党支部的意见建议，有针对性地做好党员思想政治工作。

③党支部委员会和党员结合谈心谈话及征求意见情况，围绕组织生活会主题和上级党组织要求，查摆存在的问题。

④将会议的时间、地点通知党员，让党员安排好工作和其他事宜，保证按时参加会议。

（2）召开党支部委员会会议

党员人数较多、设有党小组的，可以党支部委员会会议和党小组会的形式召开组织生活会。其中党支部委员会会议流程如下：

①党支部书记报告一年来党支部工作，说明征求意见和查摆问题情况，集体研究整改措施。

②党支部书记带头进行党性分析、查摆不足、明确整改方向；其他党支部班子成员联系班子存在的问题，把自己摆进去、把职责摆进去、把思想和工作摆进去，查找不足，进行党性分析，开展批评和自我批评。

党支部委员开展批评和自我批评，一般采取党支部委员会会议方式进行，也可在党员大会或者党小组会上进行。

（3）召开党支部党员大会

党员人数较少，未设党小组的，可以党支部党员大会形式召开组织生活会。党支部党员大会流程如下：

①党支部书记代表党支部委员会向党员大会述职，报告一年来党支部工作，通报党支部委员会查摆问题情况，组织党员进行评议，对本支部开好组织生活会、开展批评和自我批评工作提出具体要求。

②党员依次开展批评和自我批评。批评和自我批评要联系具体人具体事，有什么问题就说什么问题，不讲空话套话，不搞一团和气。党支部书记和党支部委员在批评和自我批评中，要起到带头示范作用。

因故不能参加组织生活会的党员，应向所在党支部履行请假手续，并提交书面发言材料。书面发言材料应在会上宣读并列入会议记录。

③总结会议情况。有上级党组织派人参会的，要对会议召开情况，特别是开展批评和自我批评情况，进行实事求是的评价，并就加强党支部建设、改进作风提出要求。党支部书记作会议小结，进行表态发言，提出整改工作要求。

④做好会议记录。会议记录要写明会议名称、时间、地点，出席、缺席（说明原因）和列席人员名单，主持人、记录人等；记录要准确，字迹要清楚，不能随意增删、更改，重要内容要避免遗漏，记录要由专人保管，注意保密。

（4）会后工作

①针对查摆和评议出的问题，党支部委员会要列出整改清单，明确整改事项和整改措施、整改时限，党员要作出整改承诺。整改清单和整改承诺要在一定范围内公示，接受党员群众监督。

②党支部委员会整改清单要报上级党组织备案。党支部书记作为整改第一

责任人,向上级党组织和党员大会述职时,要报告整改落实情况。

③党支部书记要履行直接教育管理监督党员责任,督促党员承诺践诺,确保整改落实到位。

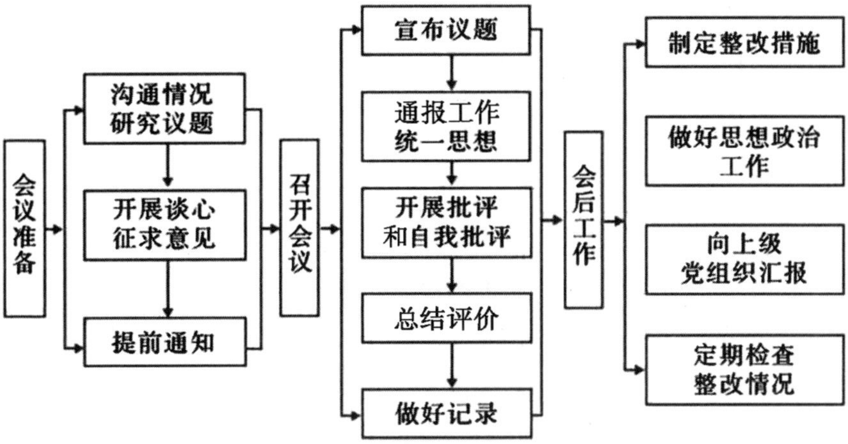

组织生活会流程

三、谈心谈话

党组织领导班子成员之间、班子成员和党员之间、党员和党员之间要开展经常性的谈心谈话,坦诚相见,交流思想,交换意见,党支部层面每年谈心谈话一般不少于1次。领导干部要带头谈,也要接受党员、干部约谈。

(一)日常沟通谈话。定期或不定期地与干部职工谈心谈话,了解掌握在贯彻执行党的路线方针政策和上级的决策部署、开展各项工作等方面的情况,以及干部职工思想、工作、生活情况,倾听干部职工的心声和利益诉求。

(二)提醒帮助谈话。干部职工在道德品质、履行职责、工作作风、廉政勤政等方面出现苗头性、倾向性问题,或者在承担重要工作、外派挂职、工作生活中遇到挫折时,及时给予关心关爱,帮助其疏导思想,理顺情绪,振奋精神。

(三)考核反馈谈话。结合年度考核、日常考察等工作,采取适当形式及时反馈考核考察情况、干部群众反映的问题和意见等,帮助分析原因,端正思想认识,明确努力方向。

(四)职务调整谈话。干部职工提拔任用、调整交流、转任非领导职务和退休时进行谈话,全面客观评价干部职工,听取意见建议,提出相关要求。

(五)专题谈话。党员领导干部民主生活会、党支部专题组织生活会召开之前认真开展谈心谈话。通过充分交流思想、互相帮助提醒,加深共识,增进团结,为开展批评与自我批评打好基础。根据工作需要,也可安排其他专题谈话。

四、主题党日

党支部每月相对固定1天开展主题党日,组织党员集中学习、过组织生活、进行民主议事和志愿服务等。主题党日开展前,党支部应当认真研究确定主题和内容。开展后,应当抓好议定事项的组织落实。

(一)活动内容

1. 开展学习教育。传达贯彻党中央和上级党组织的决议、报告、指示、决定等,组织党员围绕当前党的重大活动、党的重大理论成果、党在新时期的各项路线、方针、政策等内容开展学习讨论,对党员进行党性观念教育、思想政治教育、党风廉政教育、能力素质教育。

2. 基层民主议事。组织党员对涉及重点工作和党员群众切身利益的事项进行讨论并提出意见,对工作中的难点、热点或党员群众不理解、不满意的问题解疑释惑,向群众宣传党的有关政策,不断增强党员的政治敏锐性和社会责任感。

3. 党员联系群众。组织党员深入村(社区)等开展走访慰问、专题调研等活动,与困难群众结对帮扶,为群众解难题、办实事,促进社会和谐稳定。

4. 党员志愿服务。组织党员开展城市管理、困难帮扶、便民服务、关爱弱势群体等各类志愿服务活动,切实调动党员的积极性、主动性,增强志愿服务的针对性、实效性。

5. 党内关爱行动。开展党员思想政治状况分析,走访慰问困难党员、老党员,给党员过“政治生日”,使每名党员强化党员意识,牢记党的宗旨,深化政治责任感、使命感,不断密切党组织和党员的联系。

(二)组织实施

1. 计划制定

(1)党支部在制定年度党建工作计划时,一并制定年度主题党日活动计划,内容包括活动主题、时间、内容、形式、地点、参加人员、组织实施责任人等,经党员大会审议通过后按期开展。年度党支部主题党日活动计划应及时报送上级党组织。

(2)主题党日活动要把政治功能摆在首位,注重活动的政治性、庄重感和生动性，让党员从中得到党性锻炼、受到思想熏陶，着力提高活动质量和吸引力。

(3)主题党日活动要突出“党味”，坚持解决党支部自身建设问题与服务中心工作相结合，与支部和党员实际相结合，把思想和工作摆进去，让党员每次都有收获。

(4)主题党日活动要注重计划性和连续性，事先应充分准备，切忌盲目、随意、重复开展，力求通过定期开展活动，让党员养成经常参加组织生活的习惯和自觉，增强对党组织的归属感，使党组织更有凝聚力、影响力。

2. 参加人员

建立主题党日活动登记制度，一般情况下应当支部全体党员参加；可根据活动主题吸收党员发展对象、入党积极分子、群众代表等参加；党员领导干部要以普通党员身份参加活动，发挥示范引领作用。

3. 活动要求

(1)离开常驻地开展主题党日活动，应在活动前向上级党组织报备。

(2)活动经费严格按照有关规定执行。

(3)支部主题党日活动应由分工负责的委员及时起草简讯，可附照片，以适当形式发布公开，并报送上级党组织。

(4)建立主题党日活动台账，妥善保存签到表、记录本、简讯、活动照片等资料。

五、民主评议党员

民主评议党员，是全面从严治党、提高党员素质的一项重要措施，是对党员开展经常性教育、管理和监督的有效办法。

党支部一般每年开展1次民主评议党员，组织党员对照合格党员标准、对照入党誓词，联系个人实际进行党性分析。民主评议党员可以结合组织生活会一并进行。

(一)评议内容

1. 是否具有共产主义远大理想和中国特色社会主义坚定信念，并把坚定理想信念同脚踏实地地做好本职工作结合起来，为完成本部门本单位的各项任务作出贡献，着力解决一些党员理想信念模糊动摇、精神不振的问题。

2. 是否在思想上政治上行动上同党中央保持高度一致，坚决贯彻执行党的路线方针政策，认真学习实践中国特色社会主义理论体系，着力解决一些党员党的意识、政治意识淡化的问题。

3. 是否认真实践党的宗旨，密切联系群众、服务群众，艰苦奋斗，廉洁奉公，自觉维护人民群众的利益，着力解决一些党员宗旨观念淡薄的问题。

4. 是否坚决执行党组织的决议，自觉遵守党的纪律、模范遵守国家的法律法规，做到令行禁止，着力解决一些党员组织观念薄弱、组织纪律涣散的问题。

民主评议党员的具体内容，应当根据形势、任务对党员提出的要求和党员队伍的实际情况来确定。不同的部门、不同的单位，应当结合本部门本单位的具体情况，确定民主评议党员的具体内容，以体现不同部门、单位的特点，保证民主评议党员取得实效。

（二）评议原则

1. 坚持实事求是的原则。民主评议党员必须以事实为依据，应当面对面开展，不宜在网上进行，是什么问题就是什么问题，既不降低党员标准，又不提苛刻要求。

2. 坚持民主公开的原则。要发扬民主，尊重党员的民主权利，让党员充分发表意见，并认真听取党外群众的评议意见。对不合格党员的组织处理意见要告知本人，并允许其申辩。

3. 坚持平等的原则。党员在评议标准面前人人平等，无论是老党员，还是新党员，无论是普通党员，还是党员领导干部，都要严格要求，一视同仁。

（三）参加对象

民主评议党员工作以党支部为单位组织实施，支部全体党员如果没有正当理由都必须自觉参加。党员领导干部应当以普通党员身份参加所在支部的民主评议。

（四）评议流程

1. 准备工作

（1）通知全体党员做好必要准备，广泛开展谈心谈话活动，把思想政治工作贯穿于评议工作的始终，使党员之间增进了解、加强团结，消除思想上的隔阂。

（2）向党员、群众公布民主评议党员的主要内容、方法步骤和时间安排，充分发扬党内民主，增加工作透明度，使这项工作始终置于党内外群众的监督之下。

2. 召开党员大会

(1)开展学习教育。组织党员学习党章党规,学习习近平新时代中国特色社会主义思想,学习上级党组织的有关文件。重点进行理想信念教育、党的宗旨教育、党风党纪教育和党员标准教育。

(2)党员个人自评。组织党员对照党员标准、对照入党誓词,联系本人思想和工作实际,肯定成绩,查找差距,分析原因,对是否符合党员标准,实事求是地进行党性分析,作出自我评价。

(3)党员相互评议。党支部书记和支部委员带头开展批评,其他党员相互开展批评。党员相互评议,可以安排在支部全体党员个人自评之后,也可以逐个进行,即某一个党员个人自评之后,其他党员随即对其进行评议。

党员人数较多的党支部,个人自评和党员互评也可分党小组进行。

(4)开展民主测评。发放测评表;对党员按照"优秀""合格""基本合格""不合格"四个等次进行投票测评。

(5)上级领导点评。上级党组织和有关部门负责同志进行点评,对下一步工作提出要求。

(6)进行会议小结。党支部书记作简要总结和表态发言。

(7)做好会议记录。

3. 后续工作

(1)认真组织评定。党支部委员会会议或者党员大会根据民主测评情况,综合党员日常表现,实事求是地对每名党员提出评定意见。评定为"优秀"的党员比例一般不超过三分之一。对党员作出评定,要坚持实事求是的原则,对成绩和优点不夸大,对缺点和不足也不遮掩。

(2)用好评定结果。对每名党员提出的评定意见,党支部委员会应当及时向党员本人反馈,并注意听取党员对评定结果的看法和意见。对评为"优秀"的党员进行褒奖;对评为"合格"的党员肯定优点,提出希望和要求;对评为"基本合格"的党员要指出差距,帮助改进提高;对评为"不合格"的党员,要立足教育转化,按照规定办法和程序作出组织处置。

(3)向上级党组织报告工作。党支部应当及时向上级党组织汇报有关情况。上级党组织要进行全面的检查和验收。

第四章　党组织换届选举工作标准和规范

换届选举工作是党内民主的重要体现,是贯彻民主集中制原则的重要途径。2020年7月中共中央印发《中国共产党基层组织选举工作条例》,以习近平新时代中国特色社会主义思想为指导,以党章为根本遵循,深入贯彻党的十九大和十九届二中、三中、四中全会精神,贯彻落实新时代党的建设总要求和新时代党的组织路线,是新时代基层党组织选举工作的基本遵循。

一、国有企业基层党组织的任期

国有企业党委由党员大会或者党员代表大会选举产生,每届任期一般为5年。党总支和党支部委员会由党员大会选举产生,每届任期一般为3年。任期届满应当按期进行换届选举。如需延期或提前进行换届选举,应报上级党的委员会批准,延长或提前期限一般不超过1年。根据党组织隶属关系和干部管理权限,上级党组织一般应当提前6个月提醒做好换届准备工作。

中央企业直属企业(单位)党组织换届选举工作,以中央企业党委(党组)为主指导,审批程序按照党内有关规定办理。中央企业及其直属企业(单位)召开党员代表大会,可以为党组织隶属地方党组织的下一级企业(单位)分配代表名额。

二、国有企业基层党委、纪委换届选举基本程序

国有企业党的基层组织设立的委员会一般由党员大会选举产生。党员人数在500名以上或者所辖党组织驻地分散的,经上级党组织批准,可以召开党员代表大会进行选举。

(一)召开党员大会换届选举

1. 会前准备

由上届委员会主持(新成立党的基层委员会根据需要,可成立筹备工作领导小组开展工作)。

(1)在任期届满之前(一般1至2个月)召开党的基层委员会会议,研究召开党员大会进行换届选举事宜。包括是否按期进行换届选举,确定召开党员大会的初步时间、指导思想、主要议程;下届党的基层委员会(纪律检查委员会)委员、书记、副书记名额及提名和选举产生办法等。

会后,按照党组织隶属关系,向有审批权限的上级党组织呈报关于召开党员大会进行换届选举的请示。上级党组织审查通过后对请示进行批复。

(2)召开党员大会进行换届选举的请示经上级党组织同意后,即可召开党委会议,研究召开党员大会的筹备事项。进行换届选举宣传教育,组织酝酿产生新一届两委委员和书记、副书记候选人预备人选。向上级党组织呈报关于新一届两委委员和书记、副书记候选人预备人选的请示。候选人预备人选由党的委员会根据多数党员或所辖多数党组织的意见提出。

(3)召开所属党组织会议,通报党员大会准备工作情况,并提出开好党员大会的有关要求;对党员进行换届选举前的动员和教育;对大会工作人员提前交代有关工作环节,保证大会正常有序进行。

(4)会议材料和会务准备工作。需准备的会议材料主要有:工作报告,党费收缴、使用和管理情况的报告,大会选举办法、会议议程、会议主持词、委员会委员候选人名单及情况介绍、选票、计票统计表、计票结果报告单等。

2. 大会选举

召开党员大会进行选举,由上届委员会主持。

(1)清点并宣布到会人数,确认会议有效。有选举权的到会人数不少于应到会人数的五分之四,会议有效。

(2)宣布开会。全体起立,奏(唱)《国歌》。

(3)宣读上级党组织同意换届选举的批复。

(4)审议党委和纪委工作报告,审议党费收缴、使用和管理情况的报告。

(5)通过选举办法、监票人名单,宣布计票人名单。

(6)宣布委员候选人名额和候选人名单。

(7)选举实施。

①再次清点到会人数。

②监票人当场检查票箱,计票人分发选票。大会主持人说明填写选票注意事项。

③选举人填写选票,并按指定顺序投票。

④监票人、计票人清点选票,公布回收选票数,确定选票是否有效。

⑤计票人在监票人监督下计票。

⑥监票人向大会报告被选举人得票情况。

(8)大会主持人宣布选举结果。

(9)奏《国际歌》,宣布散会。

3. 会后工作

(1)分别召开党的委员会和纪律检查委员会第一次全体会议选举书记、副书记。

(2)向上级党组织报告选举结果。纪律检查委员会选出的书记、副书记,经同级党的委员会通过后,报上级党组织批准。上级党组织审查通过后对选举结果进行批复。

(3)做好落选人的思想工作。

(4)做好党员大会有关材料的整理、归档工作。

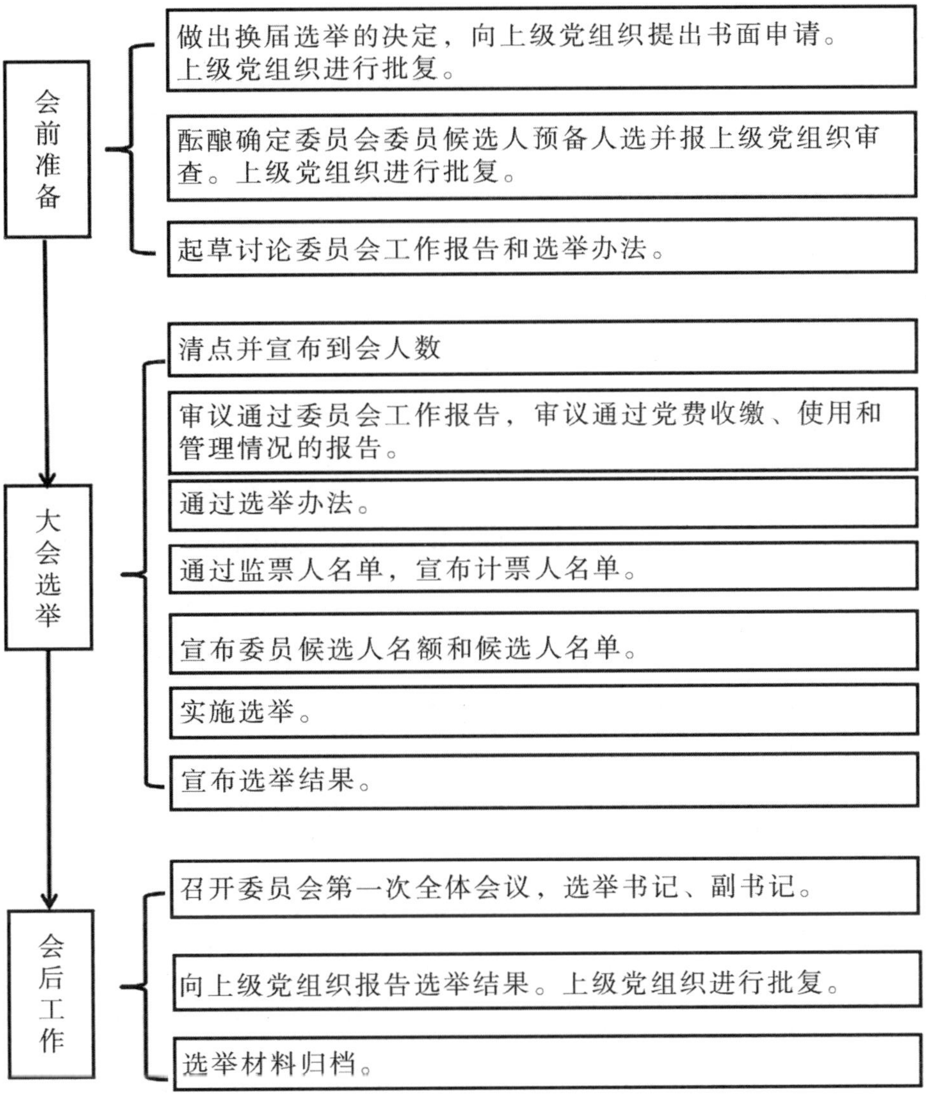

党的委员会(纪律检查委员会)换届选举程序图

(党员大会选举)

(二)召开党员代表大会换届选举

根据党章和党内有关规定,召开党员代表大会进行换届选举,主要工作及其程序可以分为代表大会筹备、代表大会预备会议、代表大会正式会议、代表大会闭幕后四个阶段。

1. 筹备阶段

(1)在任期届满之前召开党的基层委员会会议,研究召开党员代表大会进行换届选举事宜,包括是否按期进行换届、召开党员代表大会的初步时间、指导思想、主要议程、党员代表名额、构成比例、分配原则、新一届党的基层委员会(纪律检查委员会)委员、书记、副书记名额及提名产生办法等。会后,按照党组织隶属关系,向有审批权限的上级党组织呈报关于召开党员代表大会进行换届选举的请示,一般提前4个月报批。

(2)请示经上级党组织批准后,召开党委会议,研究代表选举工作。主要内容包括研究确定代表名额分配方案,布置代表选举工作并提出要求。会后,及时下发关于党员代表大会代表选举工作的通知。

(3)组织指导所属党组织选举党员代表。选举时,代表候选人的差额不少于应选人数的20%。

上届党的委员会成立代表资格审查小组,负责对代表的产生程序和资格进行审查。党员代表资格产生不符合规定程序的,应责成原选举单位重新进行选举;党员代表不具备资格的,应责成原选举单位撤换。代表资格审查小组应向党员代表大会预备会议报告审查情况。经审查通过后的代表,获得正式资格。

(4)组织推荐研究确定新一届党的基层委员会(纪律检查委员会)委员、书记、副书记候选人预备人选。

向上级党组织呈报关于新一届党的委员会和纪律检查委员会委员、书记、副书记候选人预备人选的请示,请示一般于召开党员代表大会1个月前,报有审批权限的上级党组织审批。

(5)起草有关文件材料和会务准备工作。需准备的会议材料主要有:工作报告、党员代表资格审查报告、党员代表名册、选举办法(草案)、会议议程、会议主持词、委员会委员候选人名单及情况介绍、选票、计票统计表、计票结果报告单等。大会召开前,做好各项会务准备工作,提出大会会务实施方案,制作会议证件,布置大会会场,准备票箱、选举用具,确定代表团(组)讨论地点等。

(6)收到上级党组织对预备人选请示的批复后,召开党委会议,会议内容是:研究代表大会筹备工作;研究以党委名义提交党员代表大会预备会议通过的有关文件;研究大会工作机构、工作人员名单等。会后,以党委名义下发关于召开党员代表大会的通知。

2. 预备会议阶段

(1)召开各代表团(组)召集人会议。会议由党的基层委员会负责人主持。主要内容是:简要介绍大会筹备工作情况,布置各代表团(组)推选代表团(组)

的团(组)长、副团(组)长,讨论大会议程,酝酿大会主席团和秘书长。

(2)召开各代表团(组)会议。传达代表团(组)召集人会议的内容,推选代表团(组)团(组)长、副团(组)长;酝酿讨论大会主席团、秘书长和大会议程。

(3)召开大会预备会议。由党的基层委员会主要负责同志介绍大会筹备情况,说明大会的指导思想、主要任务,提出开好大会的要求;通过大会主席团和秘书长名单,通过大会议程和其他确认事项。审议通过代表资格审查报告。

(4)召开大会主席团会议。审议通过大会日程,大会执行主席分组名单,副秘书长、列席人员名单及其他需要确定的事项。

3. 正式会议阶段

(1)举行大会开幕式。党员代表大会开幕式一般由大会主席团执行主席主持(主持人通常是党的基层委员会的一位副书记)。

主要程序有:

①清点到会代表人数,并作出说明(应到会代表数,实到会代表数,大会是否符合法定人数,能否开会等)。

②宣布代表大会开幕。

③奏(唱)国歌。

④党的基层委员会负责同志作工作报告,设立纪律检查委员会的,书面作纪律检查委员会工作报告。

⑤作党费收缴、使用和管理情况报告(或书面报告)。

⑥宣布休会。

(2)召开代表团(组)会议。分团(组)审议党的基层委员会、纪律检查委员会工作报告等。

(3)召开大会主席团会议。听取各代表团(组)审议党的基层委员会、纪律检查委员会工作报告等情况汇报,研究修改意见;听取党的基层委员会关于下届党委委员、纪委委员候选人预备人选名单的说明并讨论通过;审议大会选举办法(草案);布置推选监票人及其他有关事项。

(4)召开代表团(组)会议。酝酿讨论下届党委委员、纪委委员候选人建议名单,讨论大会选举办法(草案),推选监票人,讨论主席团布置的其他有关事项。

(5)召开大会主席团会议。根据多数选举人的意见,研究确定下届党的委员会委员和纪律检查委员会委员候选人名单;确定总监票人、监票人名单;审议大会决议。

(6)选举党的基层委员会委员和纪律检查委员会委员。

选举的一般程序是:

①清点到会代表人数。主持人向大会报告应参加大会的代表人数和实际参加大会的代表人数。在确认有选举权的到会人数不少于应到会人数的五分之四后,即可进行选举。

②通过大会选举办法。

③通过大会总监票人、监票人名单,宣布大会计票人名单。

④宣布下届党的委员会委员、纪律检查委员会委员名额和候选人名单。

⑤监票人当场检查票箱,计票人分发选票。主持人说明填写选票注意事项(也可由大会工作人员宣读)。

⑥选举人填写选票,并在工作人员引导下进行投票。

⑦监票人、计票人清点选票,确认选举是否有效。

⑧计票人在监票人监督下计票。

⑨报告被选举人得票情况、宣布当选人名单。正式选举计票结束后,由总监票人首先向大会主席团报告被选举人得票情况,由大会主席团根据选举办法确定当选人名单,从当选人中指定新一届党委第一次全体会议、纪委第一次全体会议的主持人。主席团会议结束后,由总监票人向选举人报告被选举人得票情况,由会议主持人向选举人宣布当选人名单。

(7)举行大会闭幕式:通过大会各项决议;奏《国际歌》;宣布大会闭幕。

4. 闭幕后阶段

(1)召开纪律检查委员会第一次全体会议。主要议题是:选举纪委书记、副书记。将选举结果报同级党的委员会第一次全体会议通过。

召开党的委员会第一次全体会议。主要议题是:选举党委书记、副书记;通过纪律检查委员会第一次全体会议选举结果的报告。

(2)向上级党组织呈报关于召开党员代表大会和党委、纪委第一次全体会议选举结果的报告及有关材料。

(3)做好党员代表大会有关材料的整理、归档工作。

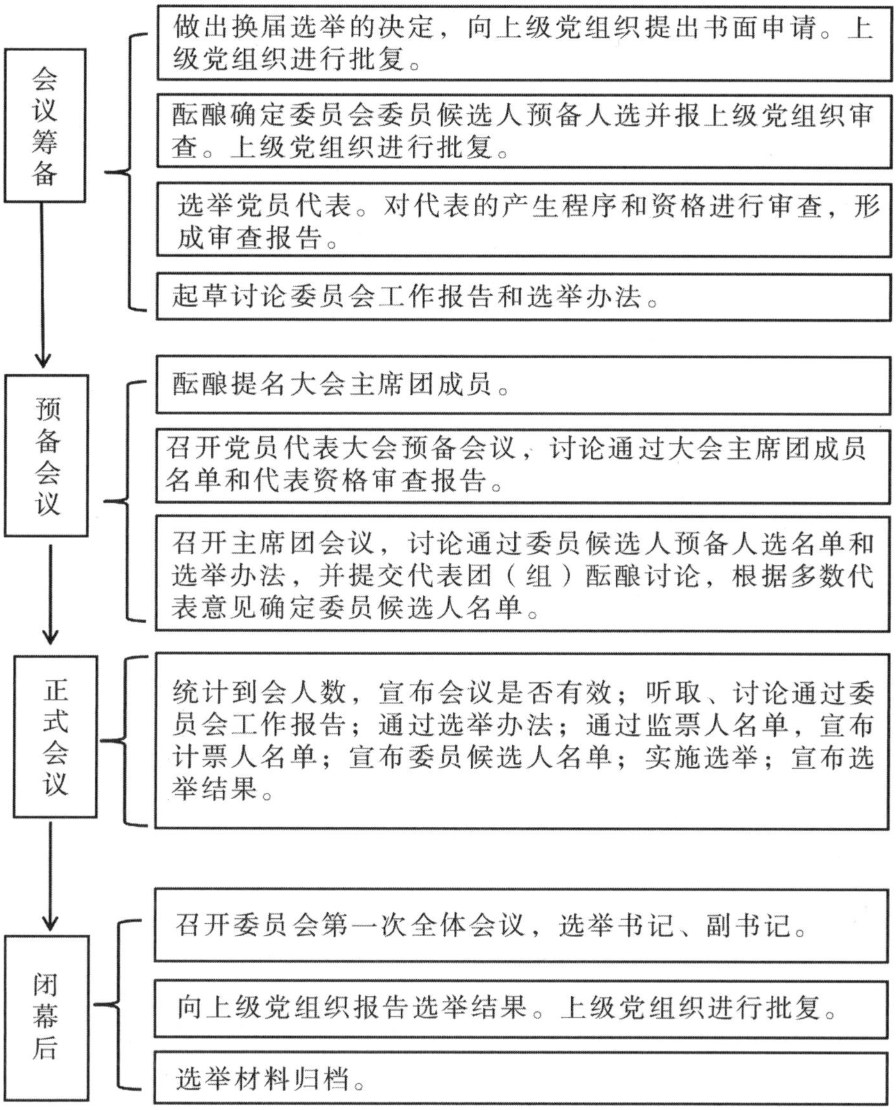

党的委员会(纪律检查委员会)换届选举程序图

(党员代表大会选举)

三、国有企业党支部(党总支)换届选举基本程序

(一)会前准备

1. 在支部委员会任期届满之前,召开党支部委员会会议,研究召开党员大会进行换届选举事宜,包括是否按期换届选举、确定召开党员大会的初步时间、指导思想、主要议程,下届支部委员会委员、书记、副书记名额及选举产生办法等。会后,向具有审批权限的上级党组织呈报关于召开党员大会进行换届选举

的请示。上级党组织审查通过后对请示进行批复。

2. 召开党员大会进行换届选举的请示经上级党组织同意后，即可召开党支部委员会会议，研究召开党员大会的筹备事项。进行换届选举宣传教育，组织酝酿、推荐提名、确定新一届支部委员会委员、书记、副书记候选人预备人选。候选人预备人选应在民主推荐和酝酿的基础上召开党支部委员会会议研究确定。向上级党组织呈报关于新一届支部委员会委员、书记、副书记候选人预备人选的请示。上级党组织审查通过后对请示进行批复。

3. 向全体党员通报党员大会准备情况，确定党员大会的具体时间和地点。对如何开好大会向党员提出要求，确定召开大会的其他有关事项。

4. 会议材料和会务准备工作。需准备的会议材料主要有：工作报告、选举办法、会议议程、会议主持词、支部委员会委员候选人名单及情况介绍以及选票、计票统计表、计票结果报告单等。

（二）大会选举

选举大会由上届党支部委员会主持，不设委员会的党支部进行选举，由上届党支部书记主持。

1. 清点到会人数，宣布开会。进行选举时，有选举权的到会人数不少于应到会人数的五分之四，会议有效。

2. 奏（唱）《国歌》。

3. 宣读上级党组织同意换届选举的批复。

4. 审议通过上届党支部委员会工作报告，审议通过党费收缴、使用和管理情况的报告。

5. 通过选举办法、监票人名单，宣布计票人名单。

6. 宣布委员候选人名额和候选人名单。

7. 选举实施。

（1）再次清点到会人数。

（2）监票人当场检查票箱，计票人分发选票。大会主持人说明填写选票注意事项。

（3）选举人填写选票，并按指定顺序投票。

（4）监票人、计票人清点选票，公布回收选票数，确定选票是否有效。

（5）计票人在监票人监督下计票。

(6)监票人向大会报告被选举人得票情况。

8. 大会主持人宣布当选人名单。

9. 奏《国际歌》。宣布散会。

(三)会后工作

1. 召开支部委员会第一次全体会议选举书记、副书记,并进行委员分工。

2. 逐级向上级党组织报送换届选举结果的报告。

3. 上级党组织对选举结果做出书面批复。

4. 做好落选人的思想工作。

5. 做好党员大会有关材料的整理、归档工作。

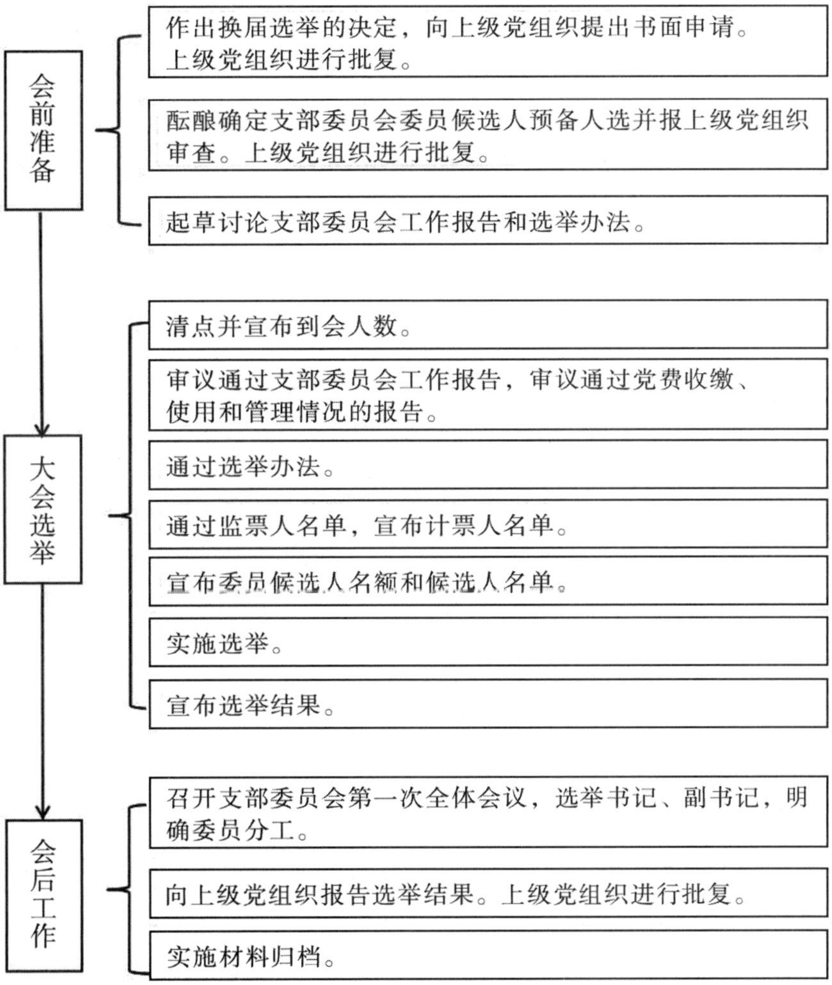

党支部(党总支)委员会换届选举程序图

四、国有企业基层党组织设立的委员会委员补选程序

根据党章和党内有关规定，党的基层组织设立的委员会（包括党的基层委员会和纪律检查委员会、总支部委员会、支部委员会）委员在任期内出缺，一般应召开党员大会或党员代表大会补选。

（一）党的基层委员会（总支部委员会、支部委员会）委员、纪律检查委员会委员的补选

1. 党的基层委员会、纪律检查委员会补选委员的程序

（1）召开党员大会补选委员的主要程序

①党的基层委员会向有审批权限的上级党组织呈报关于召开党员大会补选委员的请示。请示的内容一般包括：召开党员大会的理由、时间，党员大会的主要议程，拟补选委员的名额，选举办法等。

②按照《中国共产党基层组织选举工作条例》等有关规定，推荐、提名并根据多数党组织和党员意见确定党的基层委员会、纪律检查委员会补选委员候选人预备人选，报上一级党组织审批。

③召开党员大会，采用差额选举办法进行选举。拟补选委员候选人的差额不少于应选人数的20%。

④向上一级党组织报告选举结果。选出的委员，报上一级党组织备案。

（2）召开党员代表大会补选委员的主要程序

①党的基层委员会向有审批权限的上级党组织呈报关于召开党员代表大会补选委员的请示。请示的内容一般包括：召开党员代表大会的理由、时间，党员代表大会的主要议程，党员代表大会代表产生办法、拟补选委员的名额及选举办法等。

②按照《中国共产党基层组织选举工作条例》等有关规定，组织所属党组织和党员推荐、提名，根据多数党组织和党员的意见确定委员候选人预备人选，报上一级党组织审批。

③召开党员代表大会，以代表团（组）为讨论单位酝酿讨论经上一级党组织审批同意的委员候选人预备人选，由党的基层委员会（在党的基层委员会任期内召开党代表大会补选少量委员，党代表大会可以不设大会主席团，由党的基层委员会召集并主持）根据多数代表的意见确定候选人，并印制选票，提交党员代表大会按差额选举办法进行选举。拟补选委员候选人的差额不少于应选人数的

20%。

④向上一级党组织报告选举结果。选出的委员，报上一级党组织备案。

2. 党的总支部委员会、支部委员会补选委员的程序

党的总支部委员会、支部委员会委员出缺，可召开党员大会补选。具体程序，可参照党的基层委员会召开党员大会补选党的基层委员会、纪律检查委员会委员的做法。

（二）党的基层委员会、纪律检查委员会增补书记、副书记的程序

党的基层委员会、纪律检查委员会的书记、副书记出现缺额，可召开党的委员会、纪律检查委员会全体会议补选，必要时，也可由上级党组织指派。

召开党的基层委员会、纪律检查委员会全体会议补选书记或副书记的，主要程序有：

（1）党的基层委员会向上一级党组织呈报召开党的基层委员会、纪律检查委员会全体会议补选书记或副书记的请示。

（2）按照《中国共产党基层组织选举工作条例》等有关规定，推荐、提名和确定拟补选的书记或副书记候选人预备人选（不是党的基层委员会委员或纪律检查委员会委员的，应先增补为委员），报上一级党组织审批。

（3）将拟补选的书记或副书记候选人预备人选名单分别提交党的基层委员会、纪律检查委员会全体会议酝酿讨论，根据多数委员的意见确定候选人，并印制选票，按照程序进行选举。（纪律检查委员会书记、副书记补选结果应由同级党的基层委员会通过）选举结果报上一级党组织审批。

五、国有企业基层党组织换届选举工作注意事项

（一）党员代表大会代表的名额及分配

代表的名额一般为100名至200名，最多不超过300名。具体名额由召集党员代表大会的党组织按照有利于党员了解和直接参与党内事务，有利于讨论决定问题的原则确定，报上级党组织批准。

代表名额的分配根据所辖党组织数量、党员人数和代表具有广泛性的原则确定，要合理分配代表名额，优化代表结构，确保生产和工作一线代表比例。

大型国有企业召开党员代表大会，其二级企业、直属单位党组织隶属其他地方或者单位党组织，且党员人数较多的，可以适当分配一定代表名额。

(二)党员代表大会的代表产生的主要程序

根据《中国共产党基层组织选举工作条例》第十条规定,代表产生的主要程序是:

1. 从党支部开始推荐提名。根据多数党组织和党员的意见,提出代表候选人推荐人选。

2. 选举单位就代表候选人推荐人选与上级党组织沟通,提出代表候选人初步人选。采取适当方式加强审核把关,可以对代表候选人初步人选在一定范围内公示。

3. 选举单位研究确定代表候选人预备人选,报召开党员代表大会的党的基层委员会审查。

4. 选举单位召开党员大会或者党员代表大会,根据多数选举人的意见确定候选人,进行选举。

(三)换届选举中可不列入应到会人数的党员

党员因下列情况不能参加选举的,经报上级党组织同意,并经党员大会通过,可以不计算在应到会人数之内:

1. 患有精神疾病或者其他疾病导致不能表达本人意志的。

2. 自费出国半年以上的。

3. 被停止党籍的。

4. 在留党察看期间的。

5. 被依法留置、逮捕的。

6. 年老体弱卧床不起和长期生病生活不能自理的。

7. 离退休已回原籍长期居住、工作调动、挂职、蹲点、外出学习或者工作半年以上等,按规定应转走正式组织关系而没有转走的。

8. 流动党员确因情况特殊无法到会,本人提出申请的。

(四)党内选举享有选举权和被选举权的人员

根据党章和党内有关文件规定,在党内选举中,正式党员享有选举权和被选举权。

预备党员、正在受留党察看处分的党员没有选举权和被选举权。党员被依法留置、逮捕的,党组织应当按照管理权限中止其表决权、选举权和被选举权等党员权利。另外,只持有临时组织关系即党员证明信或流动党员证的党员,在选举时也没有选举权和被选举权。

（五）党的基层委员会、总支部委员会和支部委员会委员候选人的产生

1. 召开党员大会选举党的基层委员会、总支部委员会和支部委员会，其委员候选人的提名、产生的主要程序是（以党的委员会为例）：

（1）召开党的委员会全体会议，讨论决定下届委员会委员的名额、构成原则、委员候选人条件及提名办法，报上级党组织批准。

（2）组织所属党组织充分酝酿推荐，上下协商，根据多数党组织的意见，提出候选人初步人选。

（3）对候选人初步人选进行考察。

（4）召开委员会全体会议确定候选人预备人选名单，报上级党组织审查。

（5）经上级党组织审查同意后，上届党的委员会向党员大会说明候选人预备人选名单酝酿产生的情况，提请大会讨论，根据多数党员的意见，确定委员候选人名单。

2. 召开党员代表大会选举产生党的基层委员会，其委员候选人的提名、产生的主要程序是：

（1）召开党的委员会全体会议，讨论决定下届委员会的委员名额、构成原则、委员候选人条件、委员候选人酝酿提名办法，报上级党组织批准。

（2）组织所属党组织充分酝酿推荐，上下协商，根据多数党组织的意见，提出候选人初步人选；对候选人初步人选进行考察。

（3）召开党的委员会全体会议确定候选人预备人选名单，报上级党组织审查。

（4）经上级党组织审查同意后，上届党的委员会向大会主席团说明候选人预备人选名单酝酿产生情况，提请大会主席团讨论通过。

（5）大会主席团提出候选人建议名单，提交各代表团（组）组织全体代表充分酝酿讨论。

（6）大会主席团根据多数代表的意见，确定委员候选人名单，提交党员代表大会选举。

附录 【参考文本】

1. 关于召开党员大会进行换届选举的请示(例文)
2. 关于同意×××党支部召开党员大会进行换届选举的批复(例文)
3. 关于中共×××支部委员会委员候选人预备人选的请示(例文)
4. 关于同意中共×××支部委员会委员候选人预备人选的批复(例文)
5. 支部党员大会主持词(例文)
6. 支部党员大会选举办法(草案)(例文)
7. 选举报告单及选票参考样式
8. 关于党支部委员会换届选举结果的报告(例文)
9. 关于同意党支部委员会换届选举结果的批复(例文)
10. 关于召开中共×××第×次代表大会的请示(例文)
11. 关于同意召开中共×××第×次代表大会的批复(例文)
12. 关于中共×××第×次代表大会选举结果的报告(例文)
13. 关于补选党支部委员会委员的请示(例文)
14. 关于同意补选党支部委员会委员的批复(例文)
15. 关于党支部委员会委员补选候选人预备人选的请示(例文)
16. 关于同意党支部委员会委员补选候选人预备人选的批复(例文)
17. 关于党支部委员会委员补选结果的报告(例文)
18. 党支部委员会第一次全体会议主持词(例文)
19. 党支部委员会第一次全体会议选举办法(草案)(例文)

1. 关于召开党员大会进行换届选举的请示(例文)

关于召开党员大会进行换届选举的请示

×××党委：

我党支部委员会是××××年××月××日选举产生的，到××××年××月××日任期届满。根据党章和有关规定，经研究，拟于××××年××月召开党员大会，进行党支部委员会换届选举，现将有关事项请示如下：

一、党员大会的主要议程

1. 听取和审议党支部委员会的工作报告。

2. 选举下届党支部委员会。

二、党支部委员会委员设置及候选人名额

下届党支部委员会拟由×人组成(其中书记×名，副书记×名)，提名委员候选人×名。

三、选举办法

1. 下届党支部委员会委员，由支部党员大会采取候选人数不少于应选人数20%的差额选举办法选举产生。

2. 党支部书记、副书记均实行等额选举，由下届党支部委员会第一次全体会议选举产生。

以上选举均采用无记名投票方式。

妥否，请批复。

中共×××支部委员会

××××年××月××日

2. 关于同意×××党支部召开党员大会进行换届选举的批复(例文)

关于同意×××党支部召开党员大会进行换届选举的批复

×××党支部:

《关于召开党员大会进行换届选举的请示》收悉。经研究:

一、同意你们××××年××月召开支部党员大会。

二、同意你们提出的下届党支部委员会委员、书记、副书记名额和候选人名额,以及党支部委员会委员的差额比例。

三、原则同意你们提出的选举办法和大会议程。

中共×××委员会

××××年××月××日

3. 关于中共×××支部委员会委员候选人预备人选的请示(例文)

关于中共×××支部委员会委员
候选人预备人选的请示

×××党委:

根据××××年××月××日批复和有关规定,我们组织广大党员对下届党支部委员会委员候选人推荐人选进行了充分酝酿、推荐提名,根据多数党员的意见,提出下届党支部委员会委员候选人初步人选,对下届党支部委员会委员候选人初步人选进行了考察。在此基础上,我们召开了党支部委员会会议,集体讨论确定了下届党支部委员会委员候选人预备人选。现将有关事宜请示如下:

经批准,下届党支部委员会由×人组成,按照差额不少于20%的要求,我们提出×××……×位同志为下届党支部委员会委员候选人预备人选(差额×名,差额比例为×%),其中,×××同志为书记候选人预备人选,×××同志为副书记候选人预备人选。

妥否,请批复。

中共×××支部委员会

××××年××月××日

4. 关于同意中共×××支部委员会委员候选人预备人选的批复(例文)

关于同意中共×××支部委员会委员候选人预备人选的批复

×××党支部:

《关于中共×××支部委员会委员候选人预备人选的请示》收悉。

经研究,原则同意你们提出的党支部委员会委员、书记、副书记候选人预备人选名单。委员实行差额选举,书记、副书记实行等额选举。请按党章和有关规定进行选举,选举结束后,将选举结果及时报我委审批。

中共×××委员会

××××年××月××日

5. 支部党员大会主持词(例文)

支部党员大会主持词

各位党员：

现在召开支部党员大会，大会的主要任务和议程有两项，一是听取和审议上届党支部委员会工作报告；二是选举新一届党支部委员会。今天应到会党员×名，其中有选举权党员×名；实到会党员×名，其中有选举权党员×名，符合规定人数，可以开会。

现在我宣布，×××党支部党员大会开始，全体起立，奏(唱)《国歌》。请坐下！

一、现在进行第一项议程

请×××同志代表上届党支部委员会作工作报告。

(待工作报告毕)

刚才，×××同志代表上届党支部委员会作了工作报告，请同志们审议，有意见请发表。(稍等)没有。(或待意见发表后)下面请有表决权的党员对上届党支部委员会的工作报告进行表决，同意上届党支部委员会工作报告的请举手。(带头举手，并环顾会场)请放下！不同意的请举手。(环顾会场)没有(或请放下)！弃权的请举手。(环顾会场)没有(或请放下)！一致通过(或同意的超过应到会有表决权党员的半数，通过)！

二、现在进行第二项议程，选举新一届党支部委员会

首先通过选举办法。

请×××同志宣读选举办法(草案)。[待宣读选举办法(草案)毕]

请同志们酝酿一下，有意见请发表。(稍等)没有。

下面请有表决权的党员进行表决，同意上述选举办法(草案)的请举手。(带头举手，并环顾会场)请放下！不同意的请举手。(环顾会场)没有(或请放下)！弃权的请举手。(环顾会场)没有(或请放下)！一致通过(或同意的超过应到会有表决权党员的半数，通过)！

下面通过监票人名单，宣布计票人员名单。

请×××同志宣读监票人建议名单。（待宣读监票人建议名单毕）

请同志们酝酿一下，有意见请发表。（稍等）没有。（或待意见发表后）下面请有表决权的党员进行表决，同意上述监票人建议名单的请举手。（带头举手，并环顾会场）请放下！不同意的请举手。（环顾会场）没有（或请放下）！弃权的请举手。（环顾会场）没有（或请放下）！一致通过（或同意的超过应到会有表决权党员的半数，通过）！

请×××同志宣布大会的计票人员名单。（待宣布大会的计票人员名单毕）

下面宣读下届党支部委员会委员候选人名单。

根据多数党员的意见，并报上级党委审查同意，确定委员候选人名单如下：

×××、×××、×××……×××。

现在开始选举，请监票人员清点人数。（待监票人报告到会人数情况毕）

据监票人报告：这次党员大会应到会有选举权党员×名，因事因病请假×名，实到会有选举权党员×名，符合规定人数，可以进行选举。

请监票人检查票箱。（待加封或落锁毕）

请计票人领发选票。请各位有选举权党员领到选票后不要急于填写，关于填写方法还要再说明一下。（待计票人领发选票毕）

选票已发完，有选举权的党员有没有未拿到选票的？有没有多拿选票的？请检查一下。

据监票人报告：领到选票×张，发出选票×张，多余选票×张，多余的选票请予封存。

（讲解选票填写方法和注意事项）

现在请各位有选举权党员填写选票。

选票填写好后，请检查一下，是否符合选举办法的规定？符号是否清楚、准确？有没有超过应选人数？

下面宣布一下投票顺序。投票的顺序是：先监票人员投票，再主席台上的党员投票，然后请其他有选举权的党员按×××顺序投票。

现在开始投票。

请监票人员投票；（建议在会前准备好适合投票时播放的背景音乐，以增强大会的庄重感和党员行使民主权利的神圣感，并于此时开始播放）

请主席台上的党员投票；

请其他各位有选举权的党员投票。（待投票毕，背景音乐同时停止播放）

请监计票人员清点票数。（待监票人报告清点票数情况毕）

据监票人报告：实到会有选举权党员×名，发出选票×张，收回选票×张。收回的选票数等于（或少于）投票人数，选举有效！现在请计票人员在监票人的监督下计票。党员大会暂时休会，请同志们原地休息。（待监票人向主持人报告计票结果毕）

各位党员，现在复会。

下面请监票人向大会报告计票结果。（待按得票多少为序报告毕）

下面，宣布新当选的委员名单。根据选举办法规定和计票结果：下列×位同志当选为×××党支部委员会委员，他们是：×××……（待按姓氏笔画为序宣布新一届党支部委员会委员当选名单毕）

各位党员，党员大会再次休会。请新当选的党支部委员会委员到××（指地方）参加党支部委员会第一次全体会议，选举党支部委员会书记、副书记并进行其他委员的分工。（待委员会第一次全体会议毕）

各位党员，党员大会复会。请×××同志宣布党支部委员会第一次全体会议选举结果和委员分工情况。〔先宣布书记、副书记当选人名单（书记、副书记的当选人名单按上级党组织批准的顺序宣布），再宣布委员分工情况。待宣布党支部委员会第一次全体会议选举结果和委员分工情况毕〕

上述选举结果，将在会后向上级党组织报批，以×××党委批复为准。

下面，请×××同志代表新一届党支部委员会讲话，大家欢迎。（待讲话毕）

下面，请×××同志代表上级党组织讲话，大家欢迎。（待讲话毕）

各位党员，今天的支部党员大会，经过大家的共同努力，已圆满完成了大会的各项任务，现在我宣布：×××党支部党员大会到此结束！

全体起立，奏《国际歌》。

散会。

6. 支部党员大会选举办法(草案)(例文)

支部党员大会选举办法(草案)

一、根据党章和《中国共产党基层组织选举工作条例》等有关规定制定本选举办法。

二、新一届党支部委员会由本次党员大会直接采取候选人数多于应选人数的差额选举办法进行正式选举产生。选举的组织工作由上届党支部委员会负责。

三、经党委批准,新一届党支部委员会由×人组成,根据委员会委员候选人的差额不少于应选人数的20%的规定,确定党支部委员会委员候选人×名,委员候选人由上届党支部委员会在民主推荐、组织考察、广泛征求党员意见的基础上提出预备人选名单,经党委审查同意后,交党员大会酝酿讨论,然后根据多数党员的意见确定。

四、选举设监计票人×名,其中监票人×名,计票人员在监票人的监督下进行工作。监票人由上届党支部委员会提出建议名单,交党员大会讨论、表决通过。计票人员由上届党支部委员会指定。委员候选人不得担任监计票人。

五、选举时,实到会有选举权人数不少于应到会有选举权人数的4/5,会议有效。选举采用无记名投票方式,收回的选票等于或少于投票人数,选举有效;多于投票人数,选举无效,应重新进行选举。

六、选票上的候选人以姓氏笔画为序排列,每个有选举权的党员对选票上的候选人可以投赞成票,可以投不赞成票,也可以弃权。投赞成票的,即在其姓名下面的方格内画"○";投不赞成票的,即在其姓名下面的方格内画"×",投不赞成票的可以另选他人,另选他人时,在"另选人姓名"栏内写上另选人的姓名,并在另选人姓名下面的方格内画"○";弃权的,不画任何符号,也不得另选他人。每张选票所选人数等于或少于应选人数的为有效票,多于应选人数的为无效票。

七、画写选票要选用黑色或蓝黑色墨水钢笔或签字笔,符号要准确,字迹要清楚。画写全部模糊不清,无法辨认的,全票无效;画写部分模糊不清,可以辨认的部分有效,无法辨认的部分无效。

八、被选举人所得的赞成票超过应到会有选举权人数的半数,始得当选。若得赞成票超过半数的被选举人数多于应选名额时,以得票多少为序,至取足应选名额为止。如遇票数相等而不能确定当选人时,应就票数相等的被选举人再次投票,得赞成票多的当选。获得赞成票超过半数的被选举人少于应选名额时,对不足的名额另行选举。如果接近应选名额,经半数以上选举人同意,也可以减少名额,不再进行选举。

九、公布计票结果时,按得赞成票多少为序;公布选举结果时,按姓氏笔画为序宣布委员当选人名单。

十、本选举办法经党员大会通过后生效。

7. 选举报告单及选票参考样式

选举报告单及选票参考样式

一、清点到会人数报告单

清点到会人数报告单

中共×××党员大会应到会党员×名，其中有选举权党员×名，因事、因病请假×名，实到会有选举权的党员×名，超过（不到）应到会有选举权人数的五分之四，可以（不能）进行选举。

监票人（签名）：　　　　　　　　　计票人（签名）：

××××年××月××日

二、领发选票情况报告单

领发选票情况报告单

今天实到会有选举权的党员×名，领到选票×张，发出选票×张，发出的选票数与实到会有选举权的党员数相符（不相符），可以（不可以）进行投票。

监票人（签名）：　　　　　　　　　计票人（签名）：

××××年××月××日

三、清点选票结果报告单

清点选票结果报告单

今天实到会有选举权的党员×名，发出选票×张，收回选票×张，收回的选票数等于（或少于）投票人数，选举有效（无效）。

监票人（签名）：　　　　　　　　　计票人（签名）：

××××年××月××日

四、选举结果报告单

中共×××支部委员会委员计票结果报告单

本次大会实到会有选举权的党员×名，发出选票×张，收回选票×张，其中无效票×张，有效票×张。

候选人得票数

候选人姓名	得赞成票数	不赞成票数	弃权票数

另选人得赞成票数

另选人姓名	得赞成票数	另选人姓名	得赞成票数

监票人（签名）：　　　　计票人（签名）：

××××年××月××日

五、委员选票

中共×××党员大会

中共×××委员会委员

选

票

××××年××月×日

（正面）

中共×××委员会委员候选人×名 （其中差额×名，应选×名，按姓氏笔画为序）										
候选人姓名										
符号										
另选人姓名										
符号										

（背面）

填写选票说明

1. 所选人数等于或少于应选名额为有效票，超过应选名额为无效票。

2. 对候选人投赞成票的在候选人姓名下方空格内画“○”号。

3. 对候选人投不赞成票的在候选人姓名下方空格内画“×”号。投不赞成票的可以另选他人，另选他人的在“另选人姓名”栏内填写另选人的姓名，并在其姓名下方空格内画“○”号。

4. 弃权的不画任何符号，也不得另选他人。

六、书记、副书记选票(用于委员产生后的第一次全体会议)

中共×××委员会第一次全体会议 **中共×××委员会书记、副书记** **选** **票** ××××年××月××日

(正面)

<table>
<tr><td colspan="4">中共×××委员会
书记候选人 1 名,应选 1 名;副书记候选人×名,应选×名</td></tr>
<tr><td>书记
候选人
姓名</td><td></td><td>副书记
候选人
姓名</td><td></td></tr>
<tr><td>符号</td><td></td><td>符号</td><td></td></tr>
<tr><td>书记
另选人
姓名</td><td></td><td>副书记
另选人
姓名</td><td></td></tr>
<tr><td>符号</td><td></td><td>符号</td><td></td></tr>
</table>

(背面)

填写选票说明

1. 所选人数等于或少于应选名额为有效票,超过应选名额为无效票。

2. 对候选人投赞成票的,在候选人姓名下方空格内画“○”号。

3. 对候选人投不赞成票的在候选人姓名下方格内画“×”号。投不赞成票的可以另选他人,另选他人的在“另选人姓名”栏内填写另选人的姓名,并在其姓名下方空格内画“○”号。

4. 弃权的不画任何符号,也不得另选他人。

8. 关于党支部委员会换届选举结果的报告(例文)

关于党支部委员会换届选举结果的报告

×××党委:

我党支部于××××年××月××日召开党员大会,应到会党员×名(其中有选举权党员×名),实到会党员×名(其中有选举权党员×名),实到会有选举权党员数占应到会有选举权党员数的×%。大会采取无记名投票和差额选举的办法,选举产生了党支部委员会。经选举,×××……×位同志当选为党支部委员会委员。

同日,党支部委员会召开第一次全体会议,应到会委员×人,实到会委员×人。采取无记名投票和等额选举的办法选举产生了党支部委员会书记、副书记。经选举,×××同志当选书记,×××同志当选副书记。会上,还对其他委员进行了分工,×××同志任组织委员,×××同志任宣传委员,×××同志任纪检委员……

选举产生的委员名单请备案,选举产生的书记和副书记请予审批。

中共×××支部委员会

××××年××月××日

9. 关于同意党支部委员会换届选举结果的批复(例文)

关于同意党支部委员会
换届选举结果的批复

×××党支部:

《关于党支部委员会换届选举结果的报告》收悉。

经研究,同意你党支部委员会××××年××月××日换届选举结果,新一届党支部委员会由×××……×位同志组成,×××同志当选书记,×××同志当选副书记。

选举产生的委员名单已予备案,选举产生的书记和副书记予以批准。

中共×××委员会

××××年××月××日

10. 关于召开中共×××第×次代表大会的请示(例文)

关于召开中共×××第×次代表大会的请示

×××党委:

中共×××委员会是在××××年××月××日选举产生的,即将任期届满。

根据党章及有关规定,×××党委决定于××××年××月××日召开中共×××第×次代表大会,选举产生新一届党委和纪委。现就有关事项请示如下:

一、大会的指导思想(略)

二、大会的主要议程

听取和审议上一届党的委员会和纪律检查委员会的工作报告;听取和审议党费收缴、使用和管理情况报告;选举产生新一届党的委员会和纪律检查委员会。

三、党员代表大会代表名额及分配原则

目前×××共有正式党员×名,党员代表大会代表名额拟定为×名。党员代表名额的分配,根据党员数量的分布,兼顾领导干部、先进模范人物、生产一线职工、妇女和少数民族以及年轻干部、离退休干部等因素确定。

四、党委、纪委组成人员名额及候选人名额

新一届党委拟设委员×名,提名候选人×名,其中设书记×名,副书记×名。纪委拟设委员×名,提名候选人×名,其中设书记×名,副书记×名。

五、选举办法

1. 委员采取无记名投票方式和差额选举办法,在党员代表大会上选举产生。委员候选人的差额比例不少于20%。

2. 党委、纪委书记及副书记由新一届两委委员采取无记名投票方式等额选举产生。

妥否,请批复。

中共×××委员会

××××年××月××日

11. 关于同意召开中共×××第×次代表大会的批复(例文)

关于同意召开中共×××第×次代表大会的批复

×××党委:

《关于召开中共×××第×次代表大会的请示》收悉。经研究,现将有关事项批复如下:

一、同意你们召开中共×××第×次代表大会。

二、同意你们提出的代表名额和差额比例。各方面代表的比例作为指导性比例。

三、同意你们提出的新一届党的委员会委员、书记、副书记名额和候选人名额。纪律检查委员会委员、书记、副书记名额和候选人名额,以及党的委员会委员、纪律检查委员会委员的差额比例。

四、原则同意你们提出的选举办法和大会议程。

中共×××委员会

××××年××月××日

12. 关于中共×××第×次代表大会选举结果的报告(例文)

关于中共×××第×次代表大会选举结果的报告

中共×××委员会:

中共×××委员会于××××年××月××日召开第×次代表大会进行换届选举,选举产生了新一届党的委员会和纪律检查委员会。现将选举结果报告如下:

一、大会到会人数

本次党员代表大会应到会代表×名,因事、因病请假×人,实到会×名,符合法定人数。

二、委员的选举

大会采用无记名投票和差额选举办法进行选举,大会发出党委委员选票×张,收回选票×张,其中有效票×张,无效票×张;发出纪委委员选票×张,收回选票×张,其中有效票×张,无效票×张。各候选人的得票结果如下:

(一)党委委员得赞成票情况。×××得×票,×××得×票,×××得×票……

按照选举办法规定,×××、×××、×××……×位同志当选为党委委员。

(二)纪委委员得赞成票情况。×××得×票,×××得×票,×××得×票……

按照选举办法规定,×××、×××、×××……×位同志当选为纪律检查委员会委员。

三、书记、副书记的选举

新当选的党委委员、纪委委员随即分别召开了全体会议,选举书记、副书记。选举采取无记名投票和等额选举办法进行。发出党委书记、副书记选票×张,收回选票×张,其中有效票×张,无效票×张;发出纪委书记、副书记选票×张,收回选票×张,其中有效票×张,无效票×张。选举结果如下:

(一)党委书记、副书记。同意×××任书记的×票,同意×××任副书记的×票,根据选举结果,×××当选为党委书记,×××当选为党委副书记(专职副书记)。

(二)纪委书记、副书记。同意×××任书记的×票,同意×××任副书记的×票,根据选举结果，×××当选为纪委书记，×××当选为纪委副书记。

特此报告。

中共×××委员会

××××年××月××日

13. 关于补选党支部委员会委员的请示(例文)

关于补选党支部委员会委员的请示

×××党委:

我党支部委员会原有×人,因工作需要,原党支部委员会委员×××同志已调离本单位,其党员组织关系也已转出×××党委。

为加强基层党的建设,经研究,拟于×月召开党支部党员大会采取无记名投票的方式和差额选举的办法(差额不少于应选人数的20%),补选×名党支部委员会委员。

妥否,请批示。

中共×××支部委员会

××××年××月××日

14. 关于同意补选党支部委员会委员的批复(例文)

关于同意补选党支部委员会委员的批复

×××党支部:

《关于补选党支部委员会委员的请示》收悉。经研究:

同意你们××××年××月召开党支部党员大会,采取无记名投票的方式和差额选举的办法,补选×名党支部委员会委员。

中共×××委员会

××××年××月××日

15. 关于党支部委员会委员补选候选人预备人选的请示(例文)

关于党支部委员会委员
补选候选人预备人选的请示

×××党委:

根据××××年××月××日批复和有关规定,我们组织广大党员对党支部委员会委员补选候选人推荐人选进行了充分酝酿、推荐提名,根据多数党员的意见,提出党支部委员会委员补选候选人初步人选,对党支部委员会委员补选候选人初步人选进行了考察。在此基础上,我们召开了党支部委员会会议,集体讨论确定了党支部委员会委员补选候选人预备人选。

按照差额不少于20%的要求,我们提出×××、×××……×位同志为党支部委员会委员补选候选人预备人选(差额×名,差额比例为×%)。特此请示。

妥否,请批复。

中共×××支部委员会

××××年××月××日

16. 关于同意党支部委员会委员补选候选人预备人选的批复(例文)

关于同意党支部委员会
委员补选候选人预备人选的批复

×××党支部:

《关于党支部委员会委员补选候选人预备人选的请示》收悉。

经研究,原则同意你们提出的党支部委员会委员补选候选人预备人选名单。请按党章和有关规定进行选举,选举结束后,将补选的党支部委员会委员及时报我委备案。

中共×××委员会

××××年××月××日

17. 关于党支部委员会委员补选结果的报告(例文)

关于党支部委员会
委员补选结果的报告

×××党委:

我支部于××××年××月××日召开了党员大会,应到会党员×名,实到会有选举权的党员×名,实到会有选举权党员数不少于应到会有选举权党员数的4/5。

大会采取无记名投票的方式和差额选举的办法,补选了×名党支部委员会委员。经选举:

×××同志得赞成票×票、不赞成票×票、弃权票×票;×××同志得赞成票×票、不赞成票×票、弃权票×票。根据得票情况,×××同志补选为党支部委员会委员。

同日,党支部委员会召开全体会议,对×××同志进行了分工。×××同志任×××委员。

特此报告。补选的委员名单请予备案。

中共×××支部委员会

××××年××月××日

18. 党支部委员会第一次全体会议主持词(例文)

党支部委员会第一次全体会议主持词

各位委员:

现在召开党支部委员会第一次全体会议,经上届党支部委员会推荐,由我主持这次全体会议。

今天应到会委员×名,实到会×名,符合规定人数,可以开会。

今天的会议任务是选举新一届党支部委员会书记、副书记。首先通过选举办法。

现在我宣读选举办法(草案)。〔待宣读选举办法(草案)毕〕请同志们酝酿一下,有意见请发表。(稍等)没有。(或待意见发表后)下面进行表决,同意上述选举办法(草案)的请举手。(带头举手,并查看举手情况)请放下!不同意的请举手。(查看举手情况)没有(或请放下)!弃权的请举手。(查看举手情况)没有(或请放下)!一致通过(或同意的超过应到会委员的半数,通过)!

下面通过监票人名单,宣布计票人员名单。

我提议,×××同志为本次会议的监票人。

请同志们酝酿一下,有意见请发表。(稍等)没有。(或待意见发表后)

下面进行表决,同意×××同志为监票人的请举手。(带头举手,并查看举手情况)请放下!不同意的请举手。(查看举手情况)没有(或请放下)!弃权的请举手。(查看举手情况)没有(或请放下)!一致通过(或同意的超过应到会委员的半数,通过)!

根据选举办法,我指定×××同志为本次会议的计票人。

下面宣读新一届党支部委员会书记、副书记候选人名单。书记候选人×××、副书记候选人×××。

现在开始选举,请监票人员清点人数。(待监票人报告到会人数情况毕)

据监票人报告:这次会议应到会委员×名,因事因病请假×名,实到会委员×名,符合规定人数,可以进行选举。

请监票人检查票箱。(稍停)加封。(待加封或落锁毕)

请计票人领发选票。请各位委员领到选票后不要急于填写,关于填写方法还要再说明一下。(待计票人领发选票毕)选票已发完,有没有未拿到选票的?有没有多拿选票的?请检查一下。(待监票人报告领发选票数情况毕)

据监票人报告:领到选票×张,发出选票×张,多余选票×张,多余的选票请予封存。

(讲解选票填写方法和注意事项)

现在请各位委员填写选票。

选票填写好后,请检查一下,是否符合选举办法的规定?符号是否准确?字迹是否清楚?有没有超过应选人数?(待填写选票毕)

下面宣布一下投票顺序。投票的顺序是:先监票人员投票,再请其他委员按××顺序投票。

现在开始投票。

请监票人员投票;

请其他委员投票。(待投票毕)

请监计票人员清点票数。(待监票人报告清点票数情况毕)

据监票人报告:实到会委员×名,发出选票×张,收回选票×张。收回的选票数等于(或少于)投票人数,选举有效!

现在请计票人员在监票人的监督下计票。请同志们原地休息。(待监票人报告计票结果毕)

各位委员,现在继续开会。

下面请监票人报告计票结果。(先报告书记计票结果,再报告副书记计票结果)

下面,我宣布党支部委员会书记、副书记当选人名单。(宣布书记、副书记当选人名单按上级党组织批准的顺序宣布)根据选举办法规定:×××同志当选为党支部委员会书记,×××同志当选为副书记。

上述选举结果,会后将在党员大会上宣布,并在党员大会后向×××党委报批。本次会议已完成预定任务,请大家散会后回到党员大会会场。

19. 党支部委员会第一次全体会议选举办法(草案)(例文)

党支部委员会第一次全体会议
选举办法(草案)

一、根据《中国共产党章程》和《中国共产党基层组织选举工作条例》等有关规定,制定本办法。

二、党支部委员会书记、副书记候选人,由上届党支部委员会提出预备人选名单,经×××党委原则同意后,提交党支部委员会第一次全体会议酝酿讨论,根据多数委员的意见确定正式候选人,然后进行选举。选举工作由上届党支部委员会推荐的1名新当选的委员主持。

三、党支部委员会第一次全体会议选举产生书记×人、副书记×人,选举采用无记名投票方式,以等额选举的办法产生。

四、选举时,实到会的委员必须不少于应到会委员的4/5,方可进行选举;选举收回的选票等于或少于发出的选票,选举有效;收回的选票多于发出的选票,选举无效,应重新进行选举。

五、对每位候选人可以投赞成票,可以投不赞成票,也可以弃权。投赞成票的,即在其姓名下面的方格内画“○”,投不赞成票的,即在其姓名下面的方格内画“×”,投不赞成票的可以另选他人,另选他人时,在“另选人姓名”栏内写上另选人的姓名,并在另选人姓名下面的方格内画“○”;弃权的,不画任何符号,也不得另选他人。每张选票所选人数等于或少于应选人数的为有效票,多于应选人数的为无效票。

六、画写选票要选用黑色或蓝黑色墨水钢笔或签字笔,符号要准确,字迹要清楚。画写全部模糊不清,无法辨认的,全票无效;画写部分模糊不清,可以辨认的部分有效,无法辨认的部分无效。

七、被选举人获得的赞成票超过应到会有选举权人数半数的,始得当选。获得赞成票超过半数的被选举人数少于应选名额时,所缺名额在未超过半数的被选举人中,按得赞成票多少的顺序提出候选人,对不足的名额再次进行等额选举,如遇得赞成票最多的被选举人票数相等,则应就票数相等的被选举人重新投票,进行差额选举,得赞成票多的且所得赞成票超过应到会委员数半数的当选。

八、本次会议设监、计票人各×名,监票人在到会的委员中推选产生。监票人对选举工作的全过程进行监督。计票人员由会议主持人在到会的委员中指定,在监票人的监督下进行工作。书记、副书记候选人不得担任监、计票人。

九、公布计票结果时,按得票多少为序,先报告书记计票结果,再报告副书记计票结果;公布选举结果时,书记、副书记当选人名单按上级党组织批准的顺序宣布。

十、本选举办法经党支部委员会第一次全体会议通过后生效。

第五章　发展党员工作标准和规范

发展党员工作是党的建设一项经常性重要工作，是党的建设新的伟大工程的一项基础工程，是党员队伍建设的重要组成部分。党的十八大以来，党中央高度重视党员队伍建设，作出一系列新的重大部署。习近平总书记强调："党要管党、从严治党必须落实到党员队伍的管理中去。"2014 年 5 月 28 日，中共中央办公厅印发《中国共产党发展党员工作细则》，体现了党要管党、从严治党方针，体现了实践探索的新经验，是做好新形势下发展党员工作的重要遵循，对于深入贯彻党中央关于党员队伍建设的新部署新要求，保证发展党员的质量，建设一支规模适度、结构合理、素质优良、纪律严明、作用突出的党员队伍，具有十分重要的意义。

一、总要求和基本原则

（一）总要求

发展党员工作应当贯彻党的基本理论、基本路线、基本纲领、基本经验、基本要求，准确理解和把握"控制总量、优化结构、提高质量、发挥作用"十六字总要求。

1. 以控制总量为重点，实行发展党员总量调控，使党员数量年均增长控制在适当速度，党员队伍保持适度规模。

2. 以优化结构为关键，根据不同群体、行业和岗位特点，确定发展党员的重点，不断优化党员结构。

3. 以提高质量为核心，坚持党员标准、加强培养教育、严格日常管理、严肃纪律要求，着力提高党员队伍整体素质。

4. 以发挥作用为目的，引导党员牢记宗旨、心系群众，立足本职、干事创业，充分发挥先锋模范作用。

(二)基本原则

1. 坚持党章规定的党员标准,始终把政治标准放在首位,做到信念坚定、对党忠诚、为民服务、严守纪律。

2. 坚持慎重发展、均衡发展,有领导、有计划地进行,积极稳妥地对发展党员数量和结构进行调控。

3. 坚持入党自愿原则和个别吸收原则,成熟一个,发展一个,切实保证新党员质量。

4. 禁止突击发展,反对"关门主义",更好地发挥各方面各阶层先进分子作用,增强党在全社会的影响力和凝聚力。

二、基本程序

根据《中国共产党发展党员工作细则》精神,发展党员工作的基本程序可归纳为5个阶段和25个步骤:

(一)申请入党阶段

1. 递交入党申请书

(1)入党申请人应具备的条件

①年满十八岁的中国工人、农民、军人、知识分子和其他社会阶层的先进分子;

②承认党的纲领和章程;

③愿意参加党的一个组织并在其中积极工作、执行党的决议和按期交纳党费。

(2)入党申请的提出

①入党申请人应当向工作、学习所在单位党组织提出入党申请;

②没有工作、学习单位或工作、学习单位未建立党组织的,应当向居住地党组织提出入党申请;

③流动人员还可以向单位所在地党组织或单位主管部门党组织提出入党申请,也可以向流动党员党组织提出入党申请。

(3)入党申请的形式

①一般由本人提出书面申请;

②因特殊原因不能亲自书写的,可以由本人口述,请别人代写,但要说明不

能亲自书写的原因,申请人署名盖章或按手印;

③工作变动后,一般不需要再写入党申请书。

2. 党组织派人谈话

党组织收到入党申请书后,应当在一个月内派人(党支部书记、副书记或组织委员)同入党申请人谈话,了解基本情况,介绍入党条件和程序,加强教育引导。

(二)入党积极分子的确定和培养教育阶段

3. 推荐和确定入党积极分子

(1)入党积极分子的确定

在入党申请人中确定入党积极分子,应当采取党员推荐、群团组织推优等方式产生人选,由支部委员会(不设支部委员会的由支部大会,下同)研究决定。

(2)入党积极分子应具备的条件

①积极拥护和坚决执行党的路线、方针、政策,在思想上、政治上同党中央保持一致;

②对党有比较全面深刻的认识,积极要求入党,决心为共产主义奋斗终身;

③在工作、学习等方面表现突出,是业务骨干;

④树立正确的群众观念,作风正派,团结同志,在群众中有一定威信。

(3)党员推荐

①推荐对象必须是已递交入党申请书、党支部已派人谈话且符合党章和《中国共产党发展党员工作细则》规定的党员基本条件的入党申请人;

②参加推荐人员为本支部党员,可通过会议推荐、党员单独或联名推荐等方式进行。会议推荐由党支部召开党员大会进行,党员单独或联名推荐可随时进行,被推荐人应当获得本支部半数以上党员的推荐;

③推荐的人选确定为入党积极分子后,培养联系人一般从推荐人中指定。

(4)群团组织推优

①注重平时了解。群团组织要注意发挥密切联系群众的优势,有针对性地发现、培养和教育积极向党组织靠拢的优秀分子。

②严把推优条件。群团组织推优,要坚持党章和《中国共产党发展党员工作细则》规定的党员基本条件,从入党申请人中产生。

③严格推优程序。群团组织对入党申请人作进一步了解后,采取民主评议

或票决等方式确定推优人选,向党支部推荐。

4. 上级党委备案

(1)党支部将入党积极分子的基本情况、党员推荐和群团组织推优情况、支部委员会研究确定入党积极分子的情况以及备案报告等逐级报上级党委(指具有审批权限的党委,下同)备案,上级党委接到党支部报送的备案材料后,认真审查是否符合条件、手续是否完备,研究提出备案意见。

(2)党委的备案意见应在一个月内以书面形式通知党支部,并发放《入党积极分子培养表》。

5. 指定培养联系人

党组织应当指定一至两名正式党员作入党积极分子的培养联系人。培养联系人的主要任务是:

(1)向入党积极分子介绍党的基本知识;

(2)了解入党积极分子的政治觉悟、道德品质、现实表现和家庭情况等,做好培养教育工作,引导入党积极分子端正入党动机;

(3)及时向党支部汇报入党积极分子情况(一般每季度一次);

(4)向党支部提出能否将入党积极分子列为发展对象的意见。

6. 培养教育考察

(1)入党积极分子的培养

党组织应对入党积极分子进行培训教育,使他们懂得党的性质、纲领、宗旨、组织原则和纪律,懂得党员的义务和权利,帮助他们端正入党动机,确立为共产主义事业奋斗终身的信念。

①培训教育的方式:吸收入党积极分子听党课、参加党内有关活动,给他们分配一定的社会工作以及集中培训。一般应做到"两学三吸纳四必谈",即学党章党规、学系列讲话,吸纳参加学习研讨,吸纳参加主题活动,吸纳参加组织生活,中央、省委出台重大决策部署时必谈,发生社会普遍关注的焦点问题时必谈,进入培养发展的重要关口时必谈,发现思想疑虑时必谈;

②培训教育的内容:马克思列宁主义、毛泽东思想、邓小平理论、"三个代表"重要思想、科学发展观、习近平新时代中国特色社会主义思想;党的路线、方针、政策和党的基本知识;党的历史和优良传统、作风以及社会主义核心价值观等。

(2)入党积极分子的考察

①入党积极分子一般每三个月向党支部作思想汇报(一般应书面汇报);

②党支部每半年对入党积极分子进行一次考察,按期填写《入党积极分子培养表》,并建立入党积极分子动态管理机制,及时调整不合格人员;

③基层党委每年对入党积极分子队伍状况作一次分析,针对存在的问题,采取改进措施。

(3)入党积极分子的接续培养教育

①入党积极分子工作、学习所在单位(居住地)发生变动,应当及时报告原单位(居住地)党组织。

②原单位(居住地)党组织应当及时将培养教育等有关材料转交现单位(居住地)党组织。

③现单位(居住地)党组织应当对有关材料进行认真审查,并接续做好培养教育工作。培养教育时间可连续计算。

(三)发展对象的确定和考察阶段

7. 确定发展对象

(1)发展对象的条件

经过一年以上培养教育和考察、基本具备党员条件的入党积极分子。

(2)确定发展对象人选的程序

①党支部召开有群众代表参加的支部党员大会,填写民主评议表,开展党员评议和群众评议。参加评议的党员应超过支部党员总数的半数,参加评议的群众一般不应低于到会党员总数的2/3,评议等次分为“优秀、一般、差”;

②综合评价“优秀”过半,且单项被评为“差”的票数不超过20%的,在听取党小组、培养联系人、党员和群众意见的基础上,支部委员会讨论确定发展对象人选。

8. 报上级党委备案

(1)党支部将发展对象人选的基本情况、听取各方面意见的情况、支部委员会讨论确定发展对象人选的情况及备案报告等逐级报上级党委备案。上级党委接到党支部报送的备案材料后,对发展对象人选进行认真审查,提出备案意见。

(2)上级党委备案同意后,方可列为发展对象,备案意见一般应书面通知党支部。

9. 确定入党介绍人

(1)入党介绍人的要求

①发展对象应当有两名正式党员作入党介绍人。预备党员不能担任入党介绍人;

②入党介绍人一般由培养联系人担任,也可由党组织指定;

③受留党察看处分、尚未恢复党员权利的党员,不能作入党介绍人;

④一般情况下,一名正式党员不宜同时担任多名发展对象的入党介绍人;

⑤入党介绍人在发展对象转为正式党员前工作变动,无法继续履行入党介绍人的责任时,党组织应当重新确定入党介绍人。

(2)入党介绍人的主要任务

①向发展对象解释党的纲领、章程,说明党员的条件、义务和权利;

②认真了解发展对象的入党动机、政治觉悟、道德品质、工作经历、现实表现等情况,如实向党组织汇报;

③指导发展对象填写《中国共产党入党志愿书》,并认真填写自己的意见;

④向支部大会负责地介绍发展对象的情况;

⑤发展对象批准为预备党员后,继续对其进行教育帮助。

10. 进行政治审查

(1)政治审查的要求

①党组织必须对发展对象进行政治审查;

②政治审查必须严肃认真、实事求是,注重本人的一贯表现;

③审查情况应当形成结论性材料;

④凡是未经政治审查或政治审查不合格的,不能发展入党。

(2)政治审查的基本方法

①同本人谈话、查阅有关档案材料、找有关单位和人员了解情况以及必要的函调或外调;

②在听取本人介绍和查阅有关材料后,情况清楚的可不函调或外调;

③对流动人员中的发展对象进行政治审查时,还应当征求其户籍所在地和居住地基层党组织的意见。

(3)政治审查的主要内容

①对党的理论和路线、方针、政策的态度;

②政治历史和在重大政治斗争中的表现；

③遵纪守法和遵守社会公德情况；

④直系亲属和与本人关系密切的主要社会关系的政治情况。

11. 开展集中培训

(1)基层党委应当对发展对象进行短期集中培训；

(2)培训时间一般不少于三天(或不少于二十四个学时)；

(3)培训时主要学习党章、《关于党内政治生活的若干准则》等文件。中央组织部组织编写的《入党教材》,可以作为学习辅导材料；

(4)未经培训的,除个别特殊情况外,不能发展入党。

(四)预备党员的接收阶段

12. 支部委员会审查

(1)支部委员会广泛征求党员和群众对发展对象的意见；

(2)召开支部委员会会议,听取入党介绍人关于发展对象的情况汇报,对发展对象有关问题进行严格审查；

(3)经集体讨论,确认发展对象具备入党条件,手续完备后,报具有审批权限的基层党委预审。

13. 上级党委预审

(1)预审的要求

①基层党委接到党支部上报的预审材料后,一般应在一个月之内完成预审；

②基层党委对发展对象的条件、培养教育情况等进行审查,根据需要听取执纪执法等相关部门的意见；

③审查结果以书面形式通知党支部,并向审查合格的发展对象发放统一印制带编号的《中国共产党入党志愿书》；

④发展对象未来3个月内将离开工作、学习单位的,一般不办理接收预备党员的手续。

(2)预审的主要内容

①入党材料是否齐全、规范；

②是否经过一年以上的培养教育和考察,培养教育和考察的措施是否扎实有效；

③是否经过政治审查,重要问题是否清楚；

④是否广泛听取党员和群众的意见，群众反映是否良好；

⑤是否参加短期集中培训并考核合格；

⑥入党信念是否坚定，入党动机是否端正；

⑦工作、学习等方面表现是否突出，先进性是否明显。

14. 填写入党志愿书

(1)发展对象在入党介绍人指导下，由本人按照要求如实填写；

(2)填写时要忠诚老实、实事求是，不得有任何隐瞒和伪造。字迹要清楚，不得涂改。入党介绍人也要在入党志愿书上认真填写自己的意见；

(3)对入党志愿书上有的项目无内容可填时，应注明“无”。在“需要向党组织说明的问题”一栏，主要填写需要向党组织说明而其他栏目不能填写的问题，或对某些栏目需要补充说明的问题。

15. 支部大会讨论

经基层党委预审合格的发展对象，由支部委员会提交支部大会讨论。

(1)基本要求

①召开讨论接收预备党员的支部大会，有表决权的到会人数必须超过应到会有表决权人数的半数；

②经上级党组织同意，并经党员大会通过，以下人员可以不计算在应到会党员人数之内：患有精神疾病或者其他疾病导致不能表达本人意志的；自费出国半年以上的；被停止党籍的；在留党察看期间的；被依法留置、逮捕的；年老体弱卧床不起和长期生病生活不能自理的；离退休已回原籍长期居住、工作调动、挂职蹲点、外出学习或者工作半年以上等，按规定应转走正式组织关系而没有转走的；流动党员确因情况特殊无法到会，本人提出申请的。

③因故不能到会的有表决权的正式党员，在支部大会召开前正式向党支部提出书面意见的，应当统计在票数内。

(2)主要程序

①发展对象汇报对党的认识、入党动机、本人履历、家庭和主要社会关系情况，以及需向党组织说明的问题；

②入党介绍人介绍发展对象有关情况，并对其能否入党表明意见；

③支部委员会报告对发展对象的审查情况；

④与会党员对发展对象能否入党进行充分讨论，并采取无记名投票方式进

行表决。赞成人数超过应到会有表决权的正式党员的半数,才能通过接收预备党员的决议。

(3)注意事项

①党支部应当及时将支部大会决议写入《中国共产党入党志愿书》,连同本人入党申请书、政治审查材料、培养教育考察材料等,一并报上级党委审批。支部大会决议主要包括:发展对象的主要表现;应到会和实际到会有表决权的党员人数;表决结果;通过决议的日期;支部书记签名。

②讨论两个以上的发展对象入党时,必须逐个讨论和表决。

③设有党小组的,接收预备党员应经党小组讨论。党总支应召开党总支委员会议对支部大会通过接收的预备党员进行审议。

16. 上级党委派人谈话

(1)党委审批前,应当指派党委委员或组织员同发展对象谈话,作进一步的了解,并帮助发展对象提高对党的认识。

(2)谈话人应当将谈话情况和自己对发展对象能否入党的意见,如实填写在《中国共产党入党志愿书》上,并向党委汇报。

17. 上级党委审批

(1)审批预备党员的主体

①预备党员必须由党委(工委)审批。

②党总支不能审批预备党员,但应当对支部大会通过接收的预备党员进行审议。

③除另有规定外,临时党组织不能接收、审批预备党员。

④党组不能审批预备党员。党组讨论和决定发展党员、处分党员重要事项,应当严格按照党章党规和党中央有关规定执行。

(2)审批预备党员的要求

①审批预备党员,必须集体讨论和表决。

②党委会审批两个以上的发展对象入党时,应当逐个审议和表决。

③党委主要审议发展对象是否具备党员条件、入党手续是否完备。

④对党支部上报的接收预备党员的决议,应当在三个月内审批,并报上级党委组织部门备案。如遇特殊情况可适当延长审批时间,但不得超过六个月。

(3)审批意见的处理

①发展对象符合党员条件、入党手续完备的,批准其为预备党员。

②党委审批意见写入《中国共产党入党志愿书》,注明预备期的起止时间,通知报批的党支部,并向其发放《预备党员考察鉴定表》。

③党支部应当及时通知本人并在党员大会上宣布。对未被批准入党的,应当通知党支部和本人,做好思想工作。

18. 再上一级党委组织部门备案

上级党委对党支部上报的接收预备党员的决议批准后,还应报再上一级党委组织部门备案,以便掌握预备党员结构、分布、质量等情况,及时发现、解决问题,积极稳妥地对发展党员数量和结构进行调控。

(五)预备党员的教育考察和转正阶段

19. 编入党支部和党小组

党组织应当及时将上级党委批准的预备党员编入党支部和党小组,对预备党员继续进行教育和考察。

20. 入党宣誓

预备党员必须面向党旗进行入党宣誓,入党宣誓仪式一般由基层党委或党支部(党总支)组织举行。

(1)入党宣誓的程序

①主持人宣布宣誓仪式开始,奏《国际歌》;

②党组织负责人致辞;

③宣布参加宣誓的预备党员名单;

④预备党员面向党旗宣誓;

⑤参加宣誓的预备党员(或代表)表态发言;

⑥应邀出席入党宣誓仪式的老党员、优秀党员和入党积极分子代表发言;

⑦党支部负责人或上级党组织负责人讲话;

⑧宣布仪式结束。

(2)入党宣誓的要求

①预备党员入党宣誓必须在预备期内进行,而且要在上级党委批准接收其为预备党员后及时举行;

②入党宣誓仪式要在正式场合举行;

③入党宣誓仪式要严肃认真、庄重简朴、严密紧凑。

21. 继续教育考察

(1)预备党员的教育和考察

党组织应当通过党的组织生活、听取本人汇报、个别谈心、集中培训、实践锻炼等方式,对预备党员进行教育和考察。

①教育内容包括:党的基本知识;党的路线、方针、政策;怎样做一名合格党员等。预备党员一般每三个月向党支部作一次思想汇报(一般应书面汇报)。

②考察内容包括:政治立场,入党动机,对党是否忠诚老实;能不能认真履行党员义务和正确行使党员权利,执行党的决议,发挥先锋模范作用等。党支部、党小组要按期把对预备党员教育考察意见填写入《预备党员考察鉴定表》。

(2)预备党员预备期的注意事项

①预备党员的预备期为一年。预备期从支部大会通过其为预备党员之日算起。

②预备党员没有表决权、选举权和被选举权。预备党员应参加民主评议,不宜被评为优秀党员,不宜讲党课,不能担任党内领导职务。

22. 提出转正申请

(1)预备期满时,预备党员本人应向党支部提出转正申请,把自己在预备期间的表现和主要优缺点向党支部作出比较系统、全面的书面报告。为便于党支部及时讨论预备党员的转正事宜,一般在预备期满前一至两周向党支部递交转正申请书。

(2)预备党员转正的手续

①本人向党支部提出书面转正申请;

②党小组提出意见;

③党支部征求党员和群众的意见;

④支部委员会审查;

⑤支部大会讨论、表决通过;

⑥报上级党委审批。

23. 支部大会讨论

(1)基本要求

①预备党员预备期满,党支部应当及时讨论其能否转为正式党员;

②讨论预备党员转正的支部大会，对到会人数、赞成人数等要求与讨论接收预备党员的支部大会相同。

(2)主要程序

①预备党员汇报自己在预备期间的表现，肯定成绩和进步，找出缺点和不足，表明自己的态度和决心，向党组织说明有关问题；

②党小组介绍预备党员在预备期间的表现情况和小组意见；

③支部委员会介绍对预备党员在预备期间的教育和考察情况，提出能否转为正式党员的意见；

④支部大会进行讨论，与会党员充分发表意见，并采取无记名投票方式进行表决，作出决议。决议主要包括预备党员在预备期间的表现，支部大会讨论的情况，党员应到、实到会人数，表决结果，通过决议的日期，支部书记签名等。

(3)注意事项

①预备党员预备期满，党支部应当及时讨论其能否转为正式党员，支部大会讨论 2 名以上的预备党员转正时，应当逐个讨论和表决。

②预备期未满的预备党员工作、学习所在单位(居住地)发生变动，应当及时报告原所在党组织。原所在党组织应当及时将对其培养教育和考察的情况，认真负责地介绍给接收预备党员的党组织。

③预备党员需要继续考察和教育的，可以延长一次预备期，延长时间不能少于半年，最长不超过一年；不履行党员义务、不具备党员条件的，应当取消其预备党员资格。

④预备党员转为正式党员、延长预备期或取消预备党员资格，应当经支部大会讨论通过和上级党组织批准。

⑤基层党组织对转入的预备党员，严格审查入党材料，对无法认定的预备党员，报县级以上党委组织部门批准，不予承认。

⑥基层党组织对转入的预备党员，在其预备期满时，如认为有必要，可推迟讨论其转正问题，推迟时间不超过六个月。转为正式党员的，其转正时间自预备期满之日算起。

24. 上级党委审批

党委对党支部上报的预备党员转正的决议，应当在三个月内审批。审批结果应当及时通知党支部。党支部书记应当同本人谈话，并将审批结果在党员大会上宣布。党员的党龄,从预备期满转为正式党员之日算起。

25. 材料归档

预备党员转正后,党支部应当及时将其《中国共产党入党志愿书》、入党申请书、政治审查材料、转正申请和培养教育考察材料,交党委存入本人人事档案。无人事档案的,建立党员档案,由所在党委或县级党委组织部门保存。

三、“双推双评三全程”

2017 年 12 月,中共河南省委组织部印发《关于实行“双推双评三全程”进一步规范发展党员工作的意见》,要求通过党员推荐、群团组织推优确定入党积极分子,通过党员评议、群众评议确定发展对象,对发展党员工作全程公示、全程记实、全程责任追究。

(一)以“双推”确定入党积极分子

在入党申请人中确定入党积极分子,要通过党员推荐,入党申请人是共青团员、工会会员或妇女的,还需经过群团组织推优,有关要求已在发展党员工作“基本程序”中进行阐述。

(二)以“双评”确定发展对象

在入党积极分子中确定发展对象,必须通过党员评议、群众评议,有关要求已在发展党员工作“基本程序”中进行阐述。

(三)“三全程”保证发展党员工作规范、透明

在发展党员过程中,实行全程公示、全程记实、全程责任追究,加强党员、群众对发展党员各个环节的监督。

1. 全程公示

围绕党章和《中国共产党发展党员工作细则》规定的发展党员 5 个阶段进行全过程公开公示。

(1)公示内容:公示入党申请人、入党积极分子、发展对象、预备党员的基本情况,主要包括姓名、性别、年龄、文化程度、职业、职务及民主评议、票决结果等情况。

(2)公示范围:党支部全体党员,所在单位或居住地群众。

(3)公示方式:党支部要结合实际,通过党务公开栏、板报、内部办公网或单位的宣传媒体等形式进行公示。

(4)公示期限:一般为5个工作日。对公示期间群众反映问题要认真调查核实,发现有实质性问题的,应立即终止发展程序。

2. 全程记实

(1)坚持"谁主办、谁记录,谁负责、谁签字"的原则,按照"一人一档、一事一记、一步一审"的要求,对发展党员工作每个环节进行详细记载,如实填写《发展党员全程记实表》。

(2)基层党委要规范档案收集登记、管理归档、保管保密、调档查阅等流程,建立完整的发展党员工作档案,若入党申请人、入党积极分子、发展对象或预备党员工作、学习所在单位(居住地)发生变动时,原党组织应将《发展党员全程记实表》和有关资料转交现所在单位(居住地)党组织,接续做好发展党员相关工作。

3. 全程责任追究

对违规发展党员的,按照"谁介绍谁负责、谁培养谁负责、谁考察谁负责、谁审批谁负责",实行责任倒查,依纪依规严肃处理。

(1)责任追究对象

在发展党员工作中负有责任的党组织及其书记、副书记和组织委员、培养联系人、入党介绍人、谈话考察人,以及涉及政治审查等方面的审核人员和其他相关人员。

(2)责任追究范围

在发展党员过程中,出现不坚持标准、不履行程序、超过办理和审批时限、培养考察失职、审查把关不严等问题,以及对群众反映的违规发展党员问题查处不及时或未按有关要求进行及时处理等。

(3)责任追究形式

对违规发展党员的有关责任人,情节较轻的,给予诫勉谈话、批评教育或者责令作出书面检查;对采取弄虚作假或者其他手段把不符合党员条件的人发展为党员,或者为非党员出具党员身份证明的,依照《中国共产党纪律处分条例》给予党纪处分。对违反规定吸收入党的,一律不予承认,并在支部大会上公布。

(4)办理时限

对发展党员工作责任追究,自发现之日起,一般应在30日内处理完毕;特殊情况的,经上级党组织同意,可适当延长。

四、发展党员工作流程图

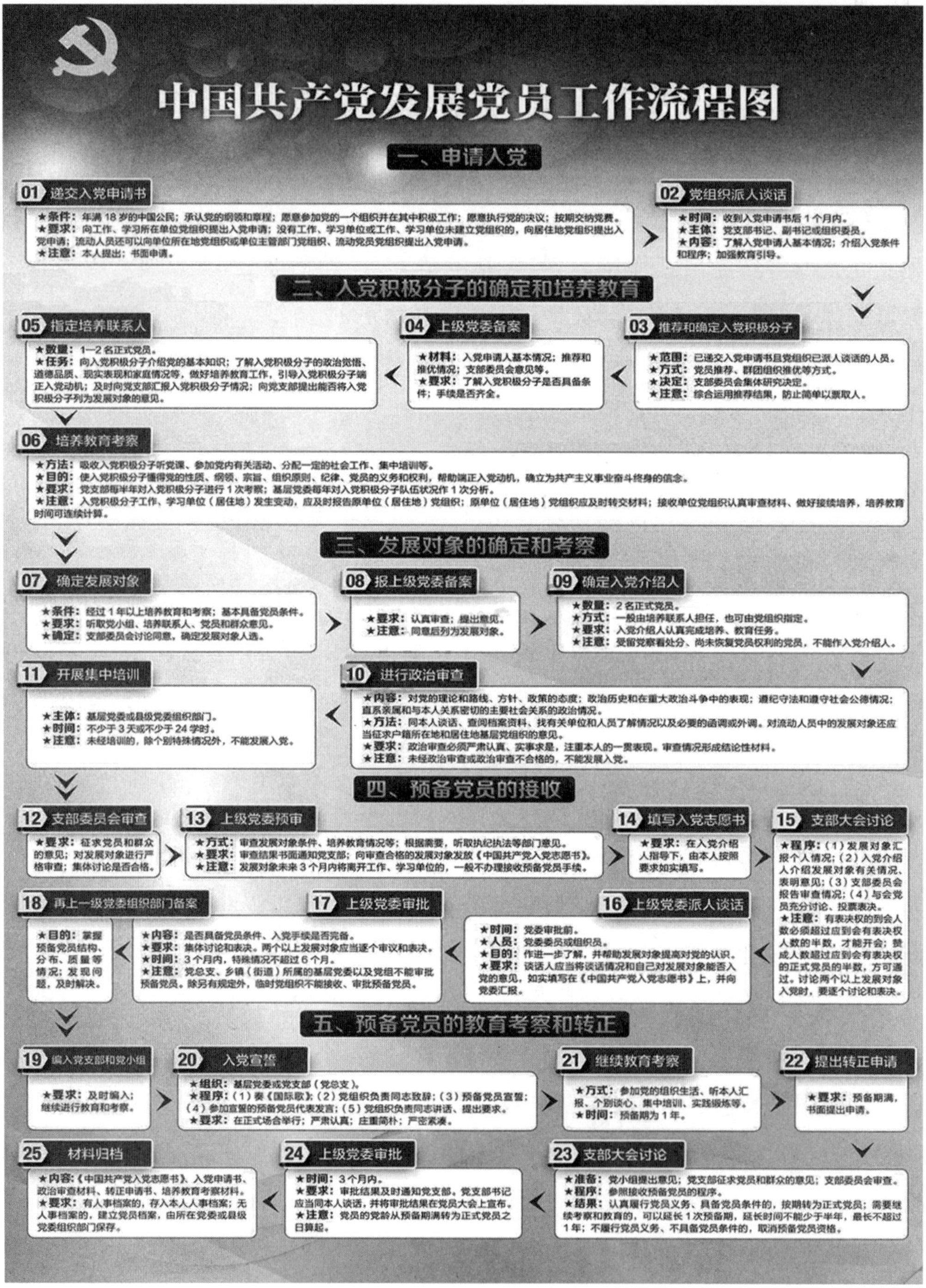

中国共产党发展党员工作流程图
一、申请入党
01 递交入党申请书
★条件：年满 18 岁的中国公民；承认党的纲领和章程；愿意参加党的一个组织并在其中积极工作；愿意执行党的决议；按期交纳党费。
★要求：向工作、学习所在单位党组织提出入党申请；没有工作、学习单位或工作、学习单位未建立党组织的，向居住地党组织提出入党申请；流动人员还可以向单位所在地党组织或单位主管部门党组织、流动党员党组织提出入党申请。
★注意：本人提出；书面申请。
02 党组织派人谈话
★时间：收到入党申请书后 1 个月内。
★主体：党支部书记、副书记或组织委员。
★内容：了解入党申请人基本情况；介绍入党条件和程序；加强教育引导。
二、入党积极分子的确定和培养教育
03 推荐和确定入党积极分子
★范围：已递交入党申请书且党组织已派人谈话的人员。
★方式：党员推荐、群团组织推优等方式。
★决定：支部委员会集体研究决定。
★注意：综合运用推荐结果，防止简单以票取人。
04 上级党委备案
★材料：入党申请人基本情况；推荐和推优情况；支部委员会意见等。
★要求：了解入党积极分子是否具备条件；手续是否齐全。
05 指定培养联系人
★数量：1—2 名正式党员。
★任务：向入党积极分子介绍党的基本知识；了解入党积极分子的政治觉悟、道德品质、现实表现和家庭情况等，做好培养教育工作，引导入党积极分子端正入党动机；及时向党支部汇报入党积极分子情况；向党支部提出能否将入党积极分子列为发展对象的意见。
06 培养教育考察
★方法：吸收入党积极分子听党课、参加党内有关活动、分配一定的社会工作、集中培训等。
★目的：使入党积极分子懂得党的性质、纲领、宗旨、组织原则、纪律、党员的义务和权利，帮助端正入党动机，确立为共产主义事业奋斗终身的信念。
★要求：党支部每半年对入党积极分子进行 1 次考察；基层党委每年对入党积极分子队伍状况作 1 次分析。
★注意：入党积极分子工作、学习单位（居住地）发生变动，应及时报告原单位（居住地）党组织；原单位（居住地）党组织应及时转交材料；接收单位党组织认真审查材料、做好接续培养，培养教育时间可连续计算。
三、发展对象的确定和考察
07 确定发展对象
★条件：经过 1 年以上培养教育和考察；基本具备党员条件。
★要求：听取党小组、培养联系人、党员和群众意见。
★确定：支部委员会讨论同意，确定发展对象人选。
08 报上级党委备案
★要求：认真审查；提出意见。
★注意：同意后列为发展对象。
09 确定入党介绍人
★数量：2 名正式党员。
★方式：一般由培养联系人担任，也可由党组织指定。
★要求：入党介绍人认真完成培养、教育任务。
★注意：受留党察看处分、尚未恢复党员权利的党员，不能作入党介绍人。
10 进行政治审查
★内容：对党的理论和路线、方针、政策的态度；政治历史和在重大政治斗争中的表现；遵纪守法和遵守社会公德情况；直系亲属和与本人关系密切的主要社会关系的政治情况。
★方法：同本人谈话、查阅档案资料、找有关单位和人员了解情况以及必要的函调或外调。对流动人员中的发展对象还应当征求户籍所在地和居住地基层党组织的意见。
★要求：政治审查必须严肃认真、实事求是，注重本人的一贯表现。审查情况形成结论性材料。
★注意：未经政治审查或政治审查不合格的，不能发展入党。
11 开展集中培训
★主体：基层党委或县级党委组织部门。
★时间：不少于 3 天或不少于 24 学时。
★注意：未经培训的，除个别特殊情况外，不能发展入党。
四、预备党员的接收
12 支部委员会审查
★要求：征求党员和群众的意见；对发展对象进行严格审查；集体讨论是否合格。
13 上级党委预审
★方式：审查发展对象条件、培养教育情况等；根据需要，听取执纪执法等部门意见。
★要求：审查结果书面通知党支部；向审查合格的发展对象发放《中国共产党入党志愿书》。
★注意：发展对象未来 3 个月内将离开工作、学习单位的，一般不办理接收预备党员手续。
14 填写入党志愿书
★要求：在入党介绍人指导下，由本人按照要求如实填写。
15 支部大会讨论
★程序：（1）发展对象汇报个人情况；（2）入党介绍人介绍发展对象有关情况、表明意见；（3）支部委员会报告审查情况；（4）与会党员充分讨论、投票表决。
★注意：有表决权的到会人数必须超过应到会有表决权人数的半数，才能开会；赞成人数超过应到会有表决权的正式党员的半数，方可通过。讨论两个以上发展对象入党时，要逐个讨论和表决。
16 上级党委派人谈话
★时间：党委审批前。
★人员：党委委员或组织员。
★目的：作进一步了解，并帮助发展对象提高对党的认识。
★要求：谈话人应当将谈话情况和自己对发展对象能否入党的意见，如实填写在《中国共产党入党志愿书》上，并向党委汇报。
17 上级党委审批
★内容：是否具备党员条件、入党手续是否完备。
★要求：集体讨论和表决。两个以上发展对象应当逐个审议和表决。
★时间：3 个月内，特殊情况不超过 6 个月。
★注意：党总支、乡镇（街道）所属的基层党委以及党组不能审批预备党员。除另有规定外，临时党组织不能接收、审批预备党员。
18 再上一级党委组织部门备案
★目的：掌握预备党员结构、分布、质量等情况；发现问题，及时解决。
五、预备党员的教育考察和转正
19 编入党支部和党小组
★要求：及时编入；继续进行教育和考察。
20 入党宣誓
★组织：基层党委或党支部（党总支）。
★程序：（1）奏《国际歌》；（2）党组织负责同志致辞；（3）预备党员宣誓；（4）参加宣誓的预备党员代表发言；（5）党组织负责同志讲话、提出要求。
★要求：在正式场合举行；严肃认真；庄重简朴；严密紧凑。
21 继续教育考察
★方式：参加党的组织生活、听本人汇报、个别谈心、集中培训、实践锻炼等。
★时间：预备期为 1 年。
22 提出转正申请
★要求：预备期满，书面提出申请。
23 支部大会讨论
★准备：党小组提出意见；党支部征求党员和群众的意见；支部委员会审查。
★程序：参照接收预备党员的程序。
★结果：认真履行党员义务、具备党员条件的，按期转为正式党员；需要继续考察和教育的，可以延长 1 次预备期，延长时间不能少于半年，最长不超过 1 年；不履行党员义务、不具备党员条件的，取消预备党员资格。
24 上级党委审批
★时间：3 个月内。
★要求：审批结果及时通知党支部。党支部书记应当同本人谈话，并将审批结果在党员大会上宣布。
★注意：党员的党龄从预备期满转为正式党员之日算起。
25 材料归档
★内容：《中国共产党入党志愿书》、入党申请书、政治审查材料、转正申请书、培养教育考察材料。
★要求：有人事档案的，存入本人人事档案；无人事档案的，建立党员档案，由所在党委或县级党委组织部门保存。

附录　【参考文本】

1. 入党申请书撰写要求
2. 党组织派人同入党申请人谈话记录(例文)
3. 群团组织推优意见(例文)
4. 关于确定×××同志为入党积极分子的公示(例文)
5. 关于确定×××同志为入党积极分子的报告(例文)
6. 思想汇报撰写要求
7. 关于拟确定×××同志为发展对象的报告(例文)
8. 关于同意确定×××同志为发展对象的通知(例文)
9. 党员发展对象政审调查函(例文)
10. 关于×××同志的政治审查综合报告(例文)
11. 关于对发展对象进行预审的请示(例文)
12. 关于对发展对象预审结果的通知(例文)
13. 关于拟接收×××同志为中共预备党员的公示(例文)
14. 关于审批×××同志为中共预备党员的请示(例文)
15. 关于对×××同志入党审批结果的通知(例文)
16. 转正申请书撰写要求
17. 关于拟同意×××同志按期转正的公示(例文)
18. 关于审批×××同志转为中共正式党员的请示(例文)
19. 关于对预备党员转正审批结果的通知(例文)
20. 接收预备党员支部党员大会主持词(例文)
21. 入党宣誓仪式主持词(例文)
22. 预备党员转正支部党员大会主持词(例文)
23.《中国共产党入党志愿书》(样表)
24.《发展党员全程记实表》(样表)

1. 入党申请书撰写要求

入党申请书撰写要求

一、入党申请书的格式和内容

申请入党的同志一般要由本人向党组织正式递交书面申请。写入党申请书，就是申请入党的同志向党组织表达自己要求加入中国共产党的愿望和决心。一般来说，入党申请书的基本格式和内容如下：

1. 标题。一般写“入党申请书”。

2. 称谓。即申请入党的同志对党组织的称呼，一般写“×××党支部”。顶格写在标题下的第一行，后面加冒号，表示有话要说。

3. 正文。这是入党申请书的主要部分，主要内容包括：

①为什么要入党，即入党动机。主要写自己对党的性质、宗旨、奋斗目标等的认识和入党动机，并表明自己的入党愿望。

②本人的基本情况。主要写自己成长的经历、政治历史问题、受过何种奖励和处分，以及个人在政治、思想、工作、作风等方面的主要表现情况。

③对待入党的态度和决心，今后的努力方向和如何以实际行动争取早日加入党组织。

4. 结尾。申请书结尾，一般用“请党组织在实践中考验我”或“请党组织看我的实际行动”作为正文的结束。正文写完之后，加“此致”“敬礼”等用语结束全文。

申请书的最后，要署名和注明日期。一般写“申请人×××”，下面写上“××××年××月××日”。

另外，为了能使党组织对自己有个全面了解，申请入党的同志可另写自传材料，将个人履历、家庭主要成员、主要社会关系等情况写清楚。如果自己有政治历史问题，或犯过什么错误，受过什么处分，或曾受过哪些奖励和表扬，获得哪些光荣称号，都要如实写明；如果自己家庭主要成员和主要社会关系中，有人政治历史情况比较复杂，或者受过刑事或其他重大处分，也应实事求是地写出。

二、撰写入党申请书应注意的问题

1. 要认真学习党章和党的有关基本知识，了解党，认识党，树立正确的入党动机。要联系思想实际谈自己对党的认识，与党组织交心，切忌抄书、抄报或从网上下载，不谈真实思想。

2. 要对党忠诚老实，如实向党组织说明自己的政治历史、本人经历等有关情况，不得隐瞒或伪造。

3. 入党申请书一般应由本人亲笔书写。如因文化程度低或其他特殊原因，不能亲自书写的，可由本人口述，请别人代写，但要说明不能书写的原因，经申请入党的同志签名盖章后交给党组织。

入党申请书应由本人亲自交给党组织，一般由党支部组织委员负责管理。已写入党申请书的同志因工作变动到了新单位，需向新单位党组织汇报情况，以便新单位的党组织了解自己。原接收其入党申请书的党组织，应及时将入党申请书及有关材料转给其新单位的党组织。

2. 党组织派人同入党申请人谈话记录(例文)

同入党申请人×××同志的谈话记录

受党支部委派,我于××××年××月××日与入党申请人×××同志进行了谈话。经谈话了解:

×××,男(女),×族,××××年××月××日出生,××省××市人,××学历,其居民身份证号码为……,××××年××月参加工作,现任××单位××职务,××××年××月××日申请入党。

谈到对党的认识时,该同志说:……。

谈到入党动机时,该同志说:……。

谈到其本人优缺点和今后努力方向时,该同志说:……。

通过谈话,我认为该同志对党的认识基本正确,入党动机较为端正,对自身优缺点的剖析颇为坦诚和实事求是,对今后的努力方向也比较明确。对照党章有关规定,该同志符合申请入党条件。

谈话最后,我还就如何进一步提高对党的认识,不断端正入党动机,发扬成绩、克服缺点,在学习、工作和生活中按党员标准严格要求自己,努力做到从思想上入党等,向其提出了希望和要求。

谈话人单位、职务:

谈话人姓名(签名或盖章):

××××年××月××日

3. 群团组织推优意见(例文)

×××(群团组织名称)关于推荐×××同志为入党积极分子的意见

中共×××支部委员会:

×××同志政治上积极要求进步,有较高的思想觉悟;拥护党的路线、方针、政策,自觉遵纪守法……在工作、学习中成绩突出。积极参加工会(共青团、妇联)活动,起到模范带头作用。

根据其现实表现,经研究,决定向你党支部推荐,建议将其列为入党积极分子。

特此推荐。

×××(群团组织名称)

××××年××月××日

4. 关于确定×××同志为入党积极分子的公示(例文)

中共×××支部委员会关于
确定×××同志为入党积极分子的公示

经党支部委员会研究,确定×××同志为入党积极分子。根据发展党员工作有关要求,将其有关情况公示如下:

×××,男(女),×族,××学历,××省××市人,××××年××月××日出生,××××年××月参加工作,现任××单位××职务,于××××年××月××日提出入党申请。经党员推荐、群团组织推优,中共×××支部委员会于××××年××月××日讨论,确定其为入党积极分子。

公示时间为××××年××月××日至××××年××月××日(公示时间一般为5个工作日)。

公示期间,党员和群众可来电、来访,反映其在理想信念、政治立场、思想作风、工作表现、群众观念、廉洁自律等方面的情况和问题。反映问题应实事求是、客观公正。

联系人及电话:×××,××××××××

中共×××支部委员会

××××年××月××日

5. 关于确定×××同志为入党积极分子的报告(例文)

中共×××支部委员会关于
确定×××同志为入党积极分子的报告

×××党委:

×××,男(女),×族,××××年××月××日出生,××学历,××省××市人,××××年××月参加工作,现任××职务。该同志于××××年××月××日向党支部递交入党申请书,经党员推荐和群团组织推优,中共×××支部委员会于××××年××月××日讨论同意将其确定为入党积极分子,并指定×××和×××两位正式党员作为其培养联系人。

特此报告,请予备案。

中共×××支部委员会

××××年××月××日

6. 思想汇报撰写要求

思想汇报撰写要求

一、思想汇报的格式和内容

入党积极分子应至少每季度向党组织汇报一次自己的思想。思想汇报主要是写自己的思想情况,也要涉及工作和学习等情况。思想汇报一般包括以下内容:

1. 标题。即“思想汇报”。

2. 称呼。一般写“敬爱的党组织”或“×××党支部”。

3. 正文。主要写汇报的内容,一般包括:①对党的路线、方针、政策或对党在一个时期的中心任务的认识,包括不理解的问题。②完成某项重要任务后的收获和提高,以及存在的不足。③参加某项重要活动,或学习了某篇重要文章,或观看了某部影视片后,所受到的教育和体会。④在日常工作、学习和生活中,遇到的困难和矛盾,以及本人的认识和态度。⑤对社会上的热点问题、国内外重大事件的认识和态度。⑥自己近期的思想状况,有了哪些进步和仍存在的问题,也可写上自己对党组织的请求和希望以及今后的努力方向等。⑦其他需要向党组织汇报的问题。

4. 落款。汇报人签名,并写清年、月、日。

二、撰写思想汇报应注意的问题

1. 要突出重点。思想汇报的具体内容,不要求每次都面面俱到,应根据本人当时的思想和工作实际,突出重点,避免写成流水账。

2. 要坚持实事求是,及时汇报自己最新的思想工作情况。向党组织汇报思想,一定要真实,不说假话,切忌空话、套话连篇。

3. 要坚持一分为二。思想汇报不仅要写成绩和收获、进步和提高,也要如实反映自己的缺点和不足,以及对某些问题的模糊认识与疑惑,以便得到党组织的教育和帮助。最后也可写上自己对党组织的请求和希望,以及进一步表达自己的入党愿望和决心。

4. 思想汇报要用钢笔或签字笔撰写工整,禁止直接从网络、报纸上摘抄打印。

7. 关于拟确定×××同志为发展为对象的报告(例文)

中共×××支部委员会关于
拟确定×××同志为发展对象的报告

×××党委:

×××,男(女),×族,××××年××月出生,××学历,××省××市人,××××年××月参加工作,现任××职务。该同志于××××年××月××日向党支部递交入党申请书,××××年××月××日被列为入党积极分子。经过一年以上的培养教育和考察,在听取党小组、培养联系人、党员和群众等意见的基础上,中共×××支部委员会于××××年××月××日讨论,认为其已基本具备党员条件,同意将其确定为发展对象人选。

特此报告,请予备案。

中共×××支部委员会

××××年××月××日

8. 关于同意确定×××同志为发展对象的通知(例文)

中共×××委员会
关于同意确定×××同志为发展对象的通知

×××党支部：

《中共×××支部委员会关于拟确定×××同志为发展对象的报告》收悉。

经审查，同意确定×××同志为发展对象。请按发展党员工作的有关规定，认真做好对发展对象×××同志的培养教育和考察工作，并及时将有关材料逐级报党委预审。

中共×××委员会

××××年××月××日

9. 党员发展对象政审调查函(例文)

党员发展对象政审调查函

×××(须发函的单位党组织名称):

贵单位×××(直系亲属或主要社会关系)系我单位×××(发展对象)的×××(关系),现×××已被我党支部列为发展对象,根据《中国共产党发展党员工作细则》相关规定,在加入党组织前要对发展对象进行政审。请贵单位党组织协助调查直系亲属或主要社会关系下列有关情况:

1. 出生年月、政治面貌、现工作单位及从事职业、任何职务以及现实表现。

2. 有无重大政治历史问题,有无参加过反动组织、封建迷信组织等,结论如何?

3. 遵纪守法和遵守社会公德情况,有无违法犯罪记录。

4. 其他需要说明的问题。

回函地址:×××

联系人:×××　　　　　　联系电话:×××

中共×××支部委员会

××××年××月××日

10. 关于×××同志的政治审查综合报告(例文)

中共×××支部委员会
关于×××同志的政治审查综合报告

×××同志,男(女),×族,××××年××月××日出生,××省××市人,××学历,现任××单位××职务。

该同志××××年××月申请入党,××××年××月列为入党积极分子,××××年××月确定为发展对象。近期,我支部按有关规定对×××同志进行了政治审查,现将政治审查结果报告如下:

一、本人简历

××××年××月至××××年××月,在××小学上小学;

××××年××月至××××年××月,在××中学上初中;

××××年××月至××××年××月,在××中学上高中;

××××年××月至××××年××月,在××大学××系读本科;

××××年××月至××××年××月,在××单位任××职务;

××××年××月至今,在××单位任××职务。

二、直系亲属和主要社会关系情况

父亲:×××,×族,××××年××月出生,现任××单位××职务,中共党员;

母亲:×××,×族,××××年××月出生,现任××单位××职务,群众;

配偶:×××,×族,××××年××月出生,现任××单位××职务,中共党员;

子女:×××,×族,××××年××月出生,现在××幼儿园读书;

岳父(公公):×××,×族,××××年××月出生,现任××单位××职务,中共党员;

岳母(婆婆):×××,×族,××××年××月出生,现任××单位××职务,群众。

三、现实表现

(略)

四、政治审查情况及其结论

(略)

五、支部意见

根据考察和政治审查情况，我们认为×××同志已具备入党条件，拟就是否同意接收×××同志为中共预备党员的事宜提交支部党员大会讨论表决。

中共×××支部委员会

××××年××月××日

11. 关于对发展对象进行预审的请示(例文)

中共×××支部委员会
关于对×××同志进行预审的请示

×××党委:

根据发展党员工作有关规定,经支部委员会审查合格,拟于近期召开支部大会讨论接收×××同志为中共预备党员。

×××,男(女),×族,××××年××月××日出生,××省××市人,××学历,××××年××月参加工作,现任××单位××职务,××××年××月××日被列为发展对象。经政治审查,×××同志自觉拥护党的路线、方针、政策,……政治表现较好。该同志政治历史清楚,……政治上比较成熟。×××同志的直系亲属及主要社会关系拥护党的领导,自觉遵守党纪国法,……政治历史清白。××××年××月××日至××××年××月××日,该同志参加了发展对象集中培训班,考核成绩合格。现将×××同志有关情况和入党材料上报。

特此请示,请予审查。

中共×××支部委员会

××××年××月××日

12. 关于对发展对象预审结果的通知(例文)

中共×××委员会关于
对发展对象×××同志预审结果的通知

×××党支部:

经对发展对象×××同志的入党条件、培养教育情况等预审,同意向其发放《中国共产党入党志愿书》,并在指导其填写好《中国共产党入党志愿书》后,由你党支部将其入党事宜提交支部大会按规定程序讨论和无记名表决。支部大会决议作出后,将决议写入其《中国共产党入党志愿书》,连同其本人的入党申请书、政治审查材料、培养教育考察材料等,一并及时逐级报党委审批。

中共×××委员会

××××年××月××日

13. 关于拟接收×××同志为中共预备党员的公示(例文)

中共×××支部委员会关于
拟接收×××同志为中共预备党员的公示

×××,男(女),×族,××××年××月××日出生,××省××市人,××学历,现任××单位××职务,××××年××月××日申请入党。

本支部于××××年××月××日将×××同志列为入党积极分子,××××年××月××日经支部委员会研究讨论,确定其为发展对象人选,入党介绍人为×××和×××两名同志。

该同志的现实表现……(主要包括政治觉悟、思想品质、入党动机、工作、学习情况和社会表现等内容)

根据其现实表现,经支委会研究,并报×××党委预审同意,拟召开支部党员大会,讨论和表决是否同意接收×××同志为中共预备党员事宜。

为增强发展党员工作的透明度,确保新党员的质量,特作公示。

公示时间为××××年××月××日至××××年××月××日(公示时间一般为5个工作日)。公示期间,党员和群众可来电、来访,反映其在理想信念、政治立场、思想作风、工作表现、群众观念、廉洁自律等方面的情况和问题。反映问题应实事求是、客观公正。

联系人及电话:×××,××××××××

中共×××支部委员会

××××年××月××日

14. 关于审批×××同志为中共预备党员的请示(例文)

中共×××支部委员会关于
审批×××同志为中共预备党员的请示

×××党委:

根据发展党员工作有关规定,经支部大会讨论通过,同意接收×××同志为中共预备党员。

×××,男(女),×族,××学历,××省××市人,××××年××月××日出生,××××年××月参加工作,现任××单位××职务。该同志于××××年××月××日向党支部递交入党申请书,××××年××月××日被确定为入党积极分子,××年××月被列为发展对象。××××年××月××日,支部大会讨论×××同志的入党问题。大会应到有表决权的党员×名,实到会×名。经与会党员讨论并采取无记名投票的方式进行表决,×票赞成,×票反对,×票弃权。根据表决结果,同意接收×××同志为中共预备党员。现将×××同志有关情况和入党材料上报。

特此请示,请予审批。

中共×××支部委员会

××××年××月××日

15. 关于对×××同志入党审批结果的通知(例文)

中共×××委员会关于
对×××同志入党审批结果的通知

×××党支部:

××××年××月××日,经党委会审议,认为×××同志已具备中共预备党员条件,入党手续完备,同意接收其为中共预备党员,预备期一年,自××××年××月××日起至××××年××月××日止。请将审批结果及时通知其本人并在支部大会上宣布,要及时将其编入党支部和党小组,对其继续进行教育和考察,还要在短期内组织其进行入党宣誓。

中共×××委员会

××××年××月××日

16. 转正申请书撰写要求

转正申请书撰写要求

一、转正申请书的格式和内容

1. 标题。一般为“转正申请书”。

2. 称呼。顶格写“×××党支部”后加冒号。

3. 正文。一般分四部分:第一部分,写明自己入党的具体时间,到什么时间预备期满。延长预备期的党员,要写明什么时间被延长预备期,到什么时间延长期限满,并正式向党组织申请转为正式党员。第二部分,汇报自己在预备期的表现,要尽可能写得详细、具体。既要写入党后的收获、进步,取得的成绩,也要写还存在的缺点。第三部分,针对自己的缺点和不足,写明今后努力方向,措施要具体可行。第四部分,如果还有什么情况和问题,在入党时没有向组织上讲明白,或是在预备期发生的应该向组织上说明的问题,也应写清楚。

4. 结尾。一般用“此致”“敬礼”等结束,并签署自己的姓名,注明日期。

二、撰写转正申请书应注意的问题

1. 转正申请书一般应在预备期即将满时交给党组织,以便党组织按时讨论自己的转正问题。

2. 转正申请书一般应由本人书写,如因特殊情况自己不能写的,可以口述,由别人代写,但要有本人签名盖章。

3. 写转正申请书要实事求是,紧密联系自己的思想实际,不能掩盖自己的缺点和不足,更不能有任何隐瞒和伪造。

17. 关于拟同意×××同志按期转正的公示(例文)

中共×××支部委员会关于
拟同意×××同志按期转正的公示

×××,男(女),×族,××××年××月××日出生,××省××市人,××学历,现任××单位××职务。

×××同志经×××和×××两名正式党员介绍,于××××年××月××日加入中国共产党,预备期一年(自××××年××月××日至××××年××月××日),现预备期满,该同志于××××年××月××日向党支部递交转正申请书。

该同志在预备期的表现……(主要包括思想、工作、学习、履行党员义务和入党时存在的缺点的改正情况等)

本支部拟召开支部大会,对是否同意×××同志按期转为中共正式党员的事宜进行讨论和表决。为增强发展党员工作的透明度,确保发展党员工作质量,特作公示。

公示时间为××××年××月××日至××××年××月××日(公示时间一般为5个工作日)。公示期间,党员和群众可来电、来访,反映其在理想信念、政治立场、思想作风、工作表现、群众观念、廉洁自律等方面的情况和问题。反映问题应实事求是、客观公正。

联系人及电话:×××,××××××××

中共×××支部委员会

××××年××月××日

18. 关于审批×××同志转为中共正式党员的请示(例文)

中共×××支部委员会关于
审批×××同志转为中共正式党员的请示

×××党委：

根据发展党员工作有关规定,经支部大会讨论通过,同意×××同志转为中共正式党员。

×××同志于××××年××月××日被接收为中共预备党员,预备期一年,到××××年××月××日预备期满。入党介绍人为×××和×××两名同志。×××同志在预备期间表现良好,……××××年××月××日,支部大会讨论了×××同志的转正事宜。大会应到有表决权的党员×名,实到会×名。经与会党员讨论并采取无记名投票的方式进行表决,×票赞成,×票反对,×票弃权。根据表决结果,同意×××同志按期转为中共正式党员。现将×××同志有关情况和转正材料上报。

特此请示,请予审批。

中共×××支部委员会

××××年××月××日

19. 关于对预备党员转正审批结果的通知(例文)

中共×××委员会关于
对预备党员转正审批结果的通知

×××党支部:

经××××年××月××日党委会审议,认为×××同志已具备中共正式党员条件,转正手续完备,同意其按期转为中共正式党员,党龄自××××年××月××日算起。请党支部书记及时同×××同志谈话,将此审批结果在支部大会上宣布,并将《中国共产党入党志愿书》、入党申请书、政审材料、转正申请书及培养教育考察材料等及时归档。

中共×××委员会

××××年××月××日

20. 接收预备党员支部党员大会主持词(例文)

支部党员大会主持词

(对接收预备党员进行讨论和表决)

同志们:

我们现在召开支部党员大会,大会的主要内容是对发展对象×××和×××两位同志的入党事宜分别进行讨论和表决。本支部共有党员×名,其中有表决权党员×名,因事因病请假党员×名,实到会有表决权的党员×名,实到会有表决权党员超过应到会有表决权党员半数,符合规定人数,可以开会。现在我宣布,支部党员大会开始。

一、对发展对象×××同志的入党事宜进行讨论和表决

我们根据规定程序逐项进行:

(一)请发展对象×××同志汇报自己的情况。(待汇报毕)

(二)请入党介绍人×××和×××同志分别介绍发展对象×××同志的主要情况,并对其能否入党表明意见。(待介绍情况,表明意见毕)

(三)请×××同志代表支委会向支部大会报告对发展对象×××同志政治审查的情况、征求党员和群众等意见的情况。(待报告情况毕)

(四)请与会党员对发展对象×××同志能否入党发表意见,进行讨论。(待发表意见、讨论毕)

(五)对发展对象×××同志能否入党进行表决;

根据《中国共产党发展党员工作细则》规定,为了更好地发扬民主,充分体现党员的意志,将采取无记名投票的方式进行表决。在表决前,我们先通过监票人名单,并宣布计票人员名单。经支委会研究,建议由×××同志为本次支部大会的监票人,请大家酝酿一下,有意见请发表。(稍等)没有。

下面进行表决:同意×××同志为本次支部大会监票人的请举手。请放下!不同意的请举手。(环顾会场)没有(或请放下)! 弃权的请举手。(环顾会场)没有(或请放下)! 一致通过(或同意的超过应到会有表决权党员的半数,通

过)!

经支委会研究,指定×××和×××两位同志为本次支部大会的计票人员,计票人员在监票人的监督下进行工作。

现在开始正式表决,请监、计票人员清点人数。(待监票人报告到会人数情况)

据监票人报告:这次支部大会应到会有表决权党员×名,因事因病请假党员×名,实到会有表决权党员×名,符合规定人数,可以进行表决。

请监票人检查票箱并加封。(待加贴封条或落锁毕)

请计票人领发表决票。请各位党员领到表决票后不要急于填写。关于填写方法还要再说一说。(待计票人领发表决票毕)

表决票已发完,有表决权的党员有没有未拿到表决票的?有没有多拿表决票的?请检查一下。(待监票人报告领发表决票数情况)

据监票人报告:领到表决票×张,发出表决票×张,多余表决票×张。多余的表决票请予封存。

现在我对填写表决票的要求说明一下:每个有表决权的党员都应本着对党组织、对发展对象高度负责的态度,实事求是地表明自己赞成或不赞成的意见。表决时,不要轻易弃权。投赞成票的,在空格内画"○",投不赞成票的,在空格内画"×",弃权的不画任何符号。

大家对填写要求是否明白?(稍等)如已明白,开始填写表决票。

表决票填写好后,请检查一下,是否符合填写要求?符号是否清楚、准确?

下面宣布一下投票顺序:监票人员先投票,其他有表决权党员再依次投票。

现在开始投票。

请监票人员投票。

请其他有表决权党员依次投票。

请计票人员清点票数。(待监票人报告清点票数情况)

据监票人报告:实到会有表决权党员×名,发出表决票×张,收回表决票×张。收回的表决票数等于(或少于)投票人数,表决有效!

现在请计票人员在监票人的监督下计票。其他同志请原地休息。(待监票人报告计票结果)

同志们:据监票人报告,共收到表决票×张,其中有效票×张、无效票×张。同意发展对象×××同志入党的×票,不同意的×票,弃权的×票。一致赞同(或赞同的超过应到会有表决权党员的半数)!

(六)通过关于接收×××同志为中共预备党员的决议。

请×××同志宣读《决议(草案)》。〔待宣读《决议》草案)毕〕

请各位党员酝酿一下,有意见请发表。(稍等)没有。下面进行表决:同意上述《决议(草案)》的请举手。请放下!不同意的请举手。(环顾会场)没有(或请放下)!弃权的请举手。(环顾会场)没有(或请放下)!一致通过(或同意的超过应到会有表决权党员的半数,通过)!

二、下面对发展对象×××同志的入党事宜进行讨论和表决

我们根据规定程序逐项进行:

(一)请发展对象×××同志汇报自己的情况。(待汇报毕)

(二)请入党介绍人×××和×××同志分别介绍发展对象×××同志的主要情况,并对其能否入党表明意见。(待介绍情况、表明意见毕)

(三)请×××同志代表支委会向支部大会报告对发展对象×××同志政治审查的情况、征求党员和群众等意见的情况。(待报告情况毕)

(四)请与会党员对发展对象×××同志能否入党发表意见,进行讨论。(待发表意见、讨论毕)

(五)对发展对象×××同志能否入党进行表决。

请监、计票人员清点人数。(待监票人报告到会人数情况)

据监票人报告:这次支部大会应到会有表决权党员×名、因事因病请假党员×名,实到会有表决权党员×名,符合规定人数,可以进行表决。

请监票人检查票箱并加封。(待加贴封条或落锁毕)

请计票人领发表决票。(待计票人领发表决票毕)

表决票已发完,有表决权的党员有没有未拿到表决票的?有没有多拿表决票的?请检查一下。(待监票人报告领发表决票数情况)

据监票人报告:领到表决票×张,发出表决票×张,多余表决票×张。多余的表决票请予封存。

大家对填写要求是否明白?(稍等)如已明白,开始填写表决票。

表决票填写好后,请检查一下,是否符合填写要求?符号是否清楚、准确?现在开始投票。

请监票人员投票。

请其他有表决权党员依次投票。

请计票人员清点票数。(待监票人报告清点票数情况)

据监票人报告:实到会有表决权党员×名,发出表决票×张,收回表决票×张。收回的表决票数等于(或少于)投票人数,表决有效!

现在请计票人员在监票人的监督下计票。其他同志请原地休息。(待监票人报告计票结果)

同志们:据监票人报告,共收到表决票×张,其中有效票×张,无效票×张。同意发展对象×××同志入党的×票,不同意的×票,弃权的×票。一致赞同(或赞同的超过应到会有表决权党员的半数)!

(六)通过关于接收×××同志为中共预备党员的决议。

请×××同志宣读《决议(草案)》。〔待宣读《决议(草案)》毕〕

请各位党员酝酿一下,有意见请发表。(稍等)没有。下面进行表决:同意上述《决议(草案)》的请举手。请放下! 不同意的请举手。(环顾会场)没有(或请放下)! 弃权的请举手。(环顾会场)没有(或请放下)! 一致通过(或同意的超过应到会有表决权党员的半数,通过)!

根据有关规定,关于接收×××同志为中共预备党员的决议和关于接收×××同志为中共预备党员的决议,将在会后逐级报××党委批准后生效。

同志们:在大家的共同努力下,我们已分别对×××和×××同志的入党事宜进行了讨论和表决,并分别作出了决议,圆满完成了大会的任务。现在我宣布,本次支部党员大会结束! 散会。

21. 入党宣誓仪式主持词(例文)

入党宣誓仪式主持词

同志们:

×××党(总)支部新党员入党宣誓仪式现在开始。

全体起立! 奏《国际歌》。

请坐下!

请党(总)支部书记×××同志致辞,大家欢迎。(待致辞毕)

现在宣布参加宣誓的新党员名单。参加今天宣誓的新党员是:×××(××××年××月××日加入中国共产党)、×××(××××年××月××日加入中国共产党)、×××(××××年××月××日加入中国共产党)……

请参加宣誓的新党员上主席台,面向党旗,准备宣誓。

请×××同志领誓,宣誓人宣誓。(待宣誓毕)

请参加宣誓的新党员(或代表)×××同志向党组织表态发言。(待表态发言毕)

请入党积极分子代表×××同志发言,大家欢迎。(待发言毕)

请×××党委书记(副书记或委员)×××同志讲话,大家欢迎。(待讲话毕)

同志们:×××党(总)支部新党员入党宣誓仪式到此结束。

散会。

22. 预备党员转正支部党员大会主持词(例文)

支部党员大会主持词
(对预备党员转正进行讨论和表决)

同志们:

我们现在召开支部党员大会,大会的主要内容是对预备党员×××和×××两位同志的转正事宜分别进行讨论和表决。本支部共有党员×名,其中有表决权党员×名,因事因病请假党员×名,实到会有表决权的党员×名,实到会有表决权党员超过应到会有表决权党员半数,符合规定人数,可以开会。现在我宣布,支部党员大会开始。

一、对预备党员×××同志的转正事宜进行讨论和表决

我们根据规定程序逐项进行:

(一)请预备党员×××同志汇报自己的情况。(待汇报毕)

(二)请×××同志代表××党小组介绍×××同志在预备期的表现情况,以及××党小组是否同意申请转正人×××同志按期转正的意见。(待介绍情况和意见毕)

(三)请×××同志代表支委会向支部大会报告征求党员和群众等意见情况和支委会是否同意×××同志按期转正的意见。(待报告情况和意见毕)

(四)请与会党员对×××同志能否按期转正发表意见,进行讨论。(待发表意见和讨论毕)

(五)对预备党员×××同志能否按期转正进行表决。

根据《中国共产党发展党员工作细则》规定,为更好地发扬民主,充分体现党员的意志,将采取无记名投票的方式进行表决。在表决前,我们先通过监票人名单,并宣布计票人员名单。经支委会研究,建议由×××同志为本次支部大会的监票人,请大家酝酿一下,有意见请发表。(稍等)没有。

下面进行表决:同意×××同志为监票人的请举手。请放下!不同意的请举手。(环顾会场)没有(或请放下)!弃权的请举手。(环顾会场)没有(或请放下)!一致通过(或同意的超过应到会有表决权党员的半数,通过)!

经支委会研究,指定×××和×××两位同志为本次支部大会的计票人员,计票人员在监票人的监督下进行工作。

现在开始正式表决,请监、计票人员清点人数。(待监票人报告到会人数情况)

据监票人报告:这次支部大会应到会有表决权党员×名、因事因病请假党员×名,实到会有表决权党员×名,符合规定人数,可以进行表决。

请监票人检查票箱并加封。(待加贴封条或落锁毕)

请计票人领发表决票。请各位党员领到表决票后不要急于填写。关于填写方法还要再说一说。(待计票人领发表决票毕)

表决票已发完,有表决权的党员有没有未拿到表决票的?有没有多拿表决票的?请检查一下。(待监票人报告领发表决票数情况)

监票人报告:领到表决票×张、发出表决票×张,多余表决票×张。多余的表决票请予封存。

我对填写表决票的要求说明一下,每个党员都应本着对党组织、对申请转正人高度负责的态度,实事求是地表明自己赞成或不赞成的意见。表决时,不要轻易弃权。投赞成票的,在空格内画"○",投不赞成票的,在空格内画"×",弃权的不画任何符号。

大家对填写要求是否明白?(稍等)如已明白,开始填写表决票。

表决票填写好后,请检查一下,是否符合填写要求?符号是否清楚、准确?

下面宣布一下投票顺序:监票人员先投票,其他有表决权党员再依次投票。

现在开始投票。

请监票人员投票。

请其他有表决权党员依次投票。

请监、计票人员清点票数。(待监票人报告清点票数情况)

据监票人报告:实到会有表决权党员×名,发出表决票×张,收回表决票×张。收回的表决票数等于(或少于)投票人数,表决有效!

现在请计票人员在监票人的监督下计票。其他同志请原地休息。(待监票人报告计票结果)

同志们:据监票人报告,共收到表决票×张,其中有效票×张,无效票×张。同意×××同志按期转正的×票,不同意的×票,弃权的×票。一致赞同(或赞成票超过应到会有表决权党员的半数)!

(六)通过关于同意×××同志按期转为中共正式党员的决议。

请××同志宣读《决议(草案)》。〔待宣读《决议(草案)》毕〕

各位党员酝酿一下,有意见请发表。(稍等)没有。下面进行表决:同意上述《决议(草案)》的请举手。请放下,不同意的请举手。(环顾会场)没有(或请放下)!弃权的请举手。(环顾会场)没有(或请放下)!一致通过(或同意的超过应到会有表决权党员的半数,通过)!

二、下面对预备党员×××同志的转正事宜进行讨论和表决

我们根据规定程序逐项进行:

(一)请申请转正人×××同志汇报自己的情况。(待汇报毕)

(二)请×××同志代表××党小组介绍申请转正人×××同志在预备期的表现情况,并代表××党小组表明是否同意申请转正人×××同志按期转正的意见。(待介绍情况和表明意见毕)

(三)请×××同志代表支委会向支部大会报告征求党员和群众等意见情况和支委会是否同意×××同志按期转正的意见。(待报告情况和意见毕)

(四)请与会党员对申请转正人×××同志能否按期转正发表意见,进行讨论。(待发表意见和讨论毕)

(五)对申请转正人×××同志能否按期转正进行表决。

开始正式表决,请监、计票人员清点人数。(待监票人报告到会人数情况)

据监票人报告:这次支部大会应到会有表决权党员×名,因事因病请假党员×名,实到会有表决权党员×名,符合规定人数,可以进行表决。

请监票人检查票箱并加封。(待加贴封条或落锁毕)

请计票人领发表决票。请各位党员领到表决票后不要急于填写。(待计票人领发表决票毕)

表决票已发完,有表决权的党员有没有未拿到表决票的?有没有多拿表决票的?请检查一下。(待监票人报告领发表决票数情况)

据监票人报告:领到表决票×张,发出表决票×张,多余表决票×张。多余的表决票请予封存。

大家对填写要求是否明白?(稍等)如已明白,开始填写表决票。

表决票填写好后,请检查一下,是否符合填写要求?符号是否清楚、准确?

下面宣布一下投票顺序：监票人员先投票，其他有表决权党员再依次投票。

现在开始投票。

请监票人员投票。

请其他有表决权党员依次投票。

请监、计票人员清点票数。（待监票人报告清点票数情况）

据监票人报告：实到会有表决权党员×名，发出表决票×张，收回表决票×张。收回的表决票等于（或少于）投票人数，表决有效！

现在请计票人员在监票人的监督下计票。其他同志请原地休息。（待监票人报告计票结果）

同志们：据监票人报告，共收到表决票×张，其中有效票×张，无效票×张。同意申请转正人×××同志按期转正的×票，不同意的×票，弃权的×票。

（六）通过关于同意×××同志按期转为中共正式党员的决议。

请×××同志宣读《决议（草案）》。〔待宣读《决议（草案）》毕〕

请各位党员酝酿一下，有意见请发表。（稍等）没有。下面进行表决：同意上述《决议（草案）》的请举手。请放下！不同意的请举手。（环顾会场）没有（或请放下）！弃权的请举手。（环顾会场）没有（或请放下）！一致通过（或同意的超过应到会有表决权党员的半数，通过）！

根据有关规定，关于同意×××同志按期转为中共正式党员的决议和关于同意×××同志按期转为中共正式党员的决议，将在会后逐级报××党委批准后生效。

同志们，在大家的共同努力下，我们已对×××和×××同志的转正事宜分别进行了讨论和表决，并作出决议，圆满完成了大会的任务。现在我宣布，本次支部党员大会结束！

散会。

23.《中国共产党入党志愿书》样表

中国共产党
入党志愿书

申请人姓名＿＿＿＿＿＿＿＿

说　明

一、申请人填写入党志愿书要严肃、认真、忠实。填写前，党支部负责人或入党介绍人应将表内项目向申请人解释清楚。

二、填写入党志愿书须使用钢笔、签字笔或毛笔，并使用黑色或蓝黑色墨水。字迹要清晰、工整。表内的年、月、日一律用公历和阿拉伯数字。表内栏目没有内容填写时，应注明“无”。个别栏目填写不下时，可加附页。

三、在上级党组织批准预备党员转为正式党员后，应及时将入党志愿书存入本人档案，没有档案的，由基层党委保存。

誓　词

我志愿加入中国共产党，拥护党的纲领，遵守党的章程，履行党员义务，执行党的决定，严守党的纪律，保守党的秘密，对党忠诚，积极工作，为共产主义奋斗终身，随时准备为党和人民牺牲一切，永不叛党。

<table>
<tr><td>姓名</td><td>×××</td><td>性别</td><td>男/女</td><td rowspan="4">正面免冠照片
(2寸)</td></tr>
<tr><td>民族</td><td>×族</td><td>出生年月</td><td>××××年××月</td></tr>
<tr><td>籍贯</td><td>××省××市</td><td>出生地</td><td>××省××市</td></tr>
<tr><td>学历</td><td>填写最高学历</td><td>学位
或职称</td><td>最高学位或
最高职称</td></tr>
<tr><td colspan="2">单位、职务或职业</td><td colspan="3">目前所在单位及担任的最高职务,没有职务的填写工作岗位</td></tr>
<tr><td colspan="2">现居住地</td><td colspan="3">按行政区划填写固定居住的地点</td></tr>
<tr><td colspan="2">居民身份证号码</td><td colspan="3">填写18位身份证号码</td></tr>
<tr><td colspan="2">有何专长</td><td colspan="3">填写本人某方面的长处和爱好,没有写“无”。</td></tr>
</table>

入　党　志　愿

与申请人最初交的“入党申请书”有区别,应着重填写本人对党的认识、思想发展过程和对入党的态度。主要包含以下几个方面的内容:

第一,对入党的态度。一般第一段明确写出自己对入党的态度,即“我志愿加入中国共产党”。

第二,对党的认识。即如何认识党的纲领和章程,如何认识党史,尤其是亲身经历过的重大历史事件,如何认识党的领导和党的路线、方针、政策。

第三,入党动机、目的。写出入党动机的思想演变过程。

第四,自己的优缺点。逐一分析自己的优缺点,提出发扬优点、克服缺点的决心和措施。

第五,入党的决心。表明自己有不被接受的思想准备,进一步努力的打算或者入党后的态度或决心等。

第六,结尾署名和注明日期。一般居右书写姓名,下一行写年月日。

本人经历(包括学历)			
自何年何月	至何年何月	在何地、何单位、任何职	证明人
××××年××月	××××年××月	××省××市××小学毕业	×××
××××年××月	××××年××月	××省××市××中学初中毕业	×××
××××年××月	××××年××月	××省××市××中学高中毕业	×××
××××年××月	××××年××月	××大学××系××专业毕业	×××
××××年××月	××××年××月	××公司××部任××	×××

何时何地加入中国共产主义青年团	××××年××月××中学加入中国共产主义青年团
何时何地参加过何种民主党派或工商联,任何职务	没有填"无"。
何时何地参加过何种反动组织或封建迷信组织,任何职务,有何活动,以及有何其他政治历史问题,结论如何	凡是本人参加过反动组织或封建迷信组织的,都必须如实扼要地将参加时间、地点、组织名称,以及在何时经组织审查作出的结论意见填写上。没有则填写"无"。
何时何地何原因受过何种奖励	要写明受奖励的时间,经何单位批准、获奖名称、享受待遇等。没有则填写"无"。 例:××××年××月　获×××公司劳动模范。
何时何地何原因受过何种处分	一般写因自己的错误或过失,被给予的党纪、政纪处分或刑罚等。处分已经撤销者,应注明何时经何部门决定撤销。没有则填写"无"。

<table>
<tr><td rowspan="8">家庭主要成员情况</td><td rowspan="4">配偶</td><td>姓名</td><td></td><td>民族</td><td></td><td>出生年月</td><td></td></tr>
<tr><td>籍贯</td><td colspan="2"></td><td>学历</td><td colspan="2"></td></tr>
<tr><td colspan="2">参加工作时间</td><td></td><td>政治面貌</td><td colspan="2"></td></tr>
<tr><td colspan="2">单位、职务或职业</td><td colspan="4"></td></tr>
<tr><td rowspan="4">其他成员</td><td>关系</td><td>姓名</td><td>出生年月</td><td>政治面貌</td><td colspan="2">单位、职务或职业</td></tr>
<tr><td></td><td></td><td></td><td></td><td colspan="2"></td></tr>
<tr><td></td><td></td><td></td><td></td><td colspan="2"></td></tr>
<tr><td></td><td></td><td></td><td></td><td colspan="2"></td></tr>
<tr><td colspan="2" rowspan="7">主要社会关系情况</td><td></td><td></td><td></td><td></td><td colspan="2"></td></tr>
<tr><td></td><td></td><td></td><td></td><td colspan="2"></td></tr>
<tr><td></td><td></td><td></td><td></td><td colspan="2"></td></tr>
<tr><td></td><td></td><td></td><td></td><td colspan="2"></td></tr>
<tr><td></td><td></td><td></td><td></td><td colspan="2"></td></tr>
<tr><td></td><td></td><td></td><td></td><td colspan="2"></td></tr>
<tr><td></td><td></td><td></td><td></td><td colspan="2"></td></tr>
</table>

需要向党组织说明的问题	凡是自己认为表中各项没有包括进去或没有完全表达清楚的问题，而又需要向党组织说明的，都可以填写在这一栏中，没有则填写“无”。
本人签名或盖章＿＿＿＿＿＿　　年　月　日	

<table>
<tr><td rowspan="2">入党介绍人意见</td><td>例:×××同志在思想上政治上行动上能够同党中央保持一致,执行党的路线、方针、政策,入党动机端正,工作积极,有较强的工作能力,在工作和学习中较好地发挥了先锋模范作用。为人正直,襟怀坦白,有较强的组织纪律性,有为党的事业奋斗终身的决心。不足之处是有时工作方法比较简单。
用党章规定的标准全面衡量,我认为×××同志已基本符合共产党员的条件,我愿意介绍其加入中国共产党。

介绍人单位、职务或职业________

签名或盖章________

年　月　日</td></tr>
<tr><td>例:×××同志对党的认识正确,入党动机和对党的态度端正。能自觉用党员的标准来要求自己,正确处理集体利益和个人利益的关系,有较强的吃苦精神和工作责任心,完成工作任务出色,较好地发挥了先锋模范作用。缺点是有时脾气过于急躁。
根据其现实表现,我认为×××同志已基本符合共产党员的条件,我愿意介绍其加入中国共产党。

介绍人单位、职务或职业________

签名或盖章________

年　月　日</td></tr>
</table>

支部大会通过接收申请人为预备党员的决议

例：支部党员大会于××××年××月××日讨论了×××同志的入党问题。大会应到有表决权的党员×名，实到会×名。大会采取无记名投票的方式进行了表决。表决结果：×票赞成，×票反对，×票弃权。大会认为，×××同志已基本具备了共产党员条件，同意接收其为中共预备党员。

支部名称： 支部书记签名或盖章__________

年 月 日

上级党组织指派专人进行谈话情况和对申请人入党的意见

例：受党委指派，我于××××年××月××日与×××同志进行了谈话，经谈话了解，该同志本人及其直系亲属和主要社会关系无政治历史问题。该同志对党的认识正确，入党动机和对党的态度端正，党的基本知识已基本掌握……经审查，该同志的入党手续完备，符合发展党员工作程序。

根据其现实表现和谈话等情况，我认为×××同志已具备入党条件，同意发展其为中共预备党员，并建议党委会批准。

谈话人单位、职务或职业________________

签名或盖章________________

年 月 日

总支部审查(审批)意见
例:经××××年××月××日党总支委员会审议,认为×××同志表现突出,入党手续完备,已经具备入党条件。党总支委员共×名,实到会×名,×名委员一致同意接收×××同志为中共预备党员。 总支部名称:　　　　　　　　总支部书记签名或盖章________ 年　　月　　日
基层党委审批意见
例:经××××年××月××日党委会审议,认为×××同志表现突出,入党手续完备,已经具备入党条件。党委委员共×名,实到会×名,×名委员一致同意接收×××同志为中共预备党员,预备期一年,自××××年××月××日起至××××年××月××日止。 基层党委盖章　　　　　　　　党委书记签名或盖章________ 年　　月　　日

支部大会通过预备党员能否转为正式党员的决议
例：支部大会于××××年××月××日讨论了×××同志的转正问题。大会应到有表决权的党员×名，实到会×名。大会采取无记名投票的方式进行了表决。表决结果：×票赞成，×票反对，×票弃权。 大会认为，×××同志已具备中共正式党员条件，同意其按期转为中共正式党员。 支部名称：　　　　　　　　支部书记签名或盖章＿＿＿＿ 年　月　日
总支部审查(审批)意见
例：经××××年××月××日党总支委员会审议，认为×××同志已具备中共正式党员条件，转正手续完备。党总支委员共×名，实到会×名，×名委员一致同意×××同志按期转为中共正式党员。 总支部名称：　　　　　　　　总支部书记签名或盖章＿＿＿＿ 年　月　日
基层党委审批意见
例：经××××年××月××日党委会审议，认为×××同志已具备中共正式党员条件，转正手续完备。党委委员共×名，实到会×名，×名委员一致同意其按期转为中共正式党员，党龄自××××年××月××日算起。 基层党委盖章　　　　　　　　党委书记签名或盖章＿＿＿＿ 年　月　日

<table>
<tr><td align="center">支部大会通过延长预备期的党员能否转为正式党员的决议</td></tr>
<tr><td>

支部名称：　　　　　　　　　　　　支部书记签名或盖章________

年　　月　　日</td></tr>
<tr><td align="center">总支部审查(审批)意见</td></tr>
<tr><td>

总支部名称：　　　　　　　　　　　总支部书记签名或盖章________

年　　月　　日</td></tr>
<tr><td align="center">基层党委审批意见</td></tr>
<tr><td>

基层党委盖章　　　　　　　　　　　党委书记签名或盖章________

年　　月　　日</td></tr>
</table>

备　注

24.《发展党员全程记实表》(样表)

发展党员全程记实表

姓　名 ＿＿＿＿＿＿＿

中共河南省委组织部　　制

说 明

一、入党申请人递交入党申请书后，即由所在党支部填写本表。在确定入党积极分子、确定发展对象、接收预备党员和预备党员转正等环节，党支部向上级党委报送备案材料和审批材料时，一并将本表交上级党委审核签字，党委向党支部反馈意见时再退还党支部。

二、填写本表须使用钢笔或签字笔，并使用黑色或蓝黑色墨水。字迹要清晰、工整。表内的年、月、日一律用公历和阿拉伯数字。表内栏目没有内容填写时，应注明“无”。个别栏目填写不下时，可加附页。

三、在上级党组织批准预备党员转为正式党员后，应及时将本表存入本人档案。

个人基本情况

<table>
<tr><td>姓名</td><td>×××</td><td>性别</td><td>男/女</td><td>民族</td><td></td></tr>
<tr><td>出生日期</td><td>××××年
××月××日</td><td>籍贯</td><td>××省
××市</td><td>学历</td><td>最高学历</td></tr>
<tr><td colspan="2">单位、职务或职业</td><td colspan="4">目前所在单位及担任的最高职务，没有职务的填写工作岗位</td></tr>
<tr><td colspan="2">居民身份证号码</td><td colspan="4">填写 18 位身份证号码</td></tr>
<tr><td colspan="2">家庭住址</td><td colspan="4">按行政区划填写固定居住的地点</td></tr>
<tr><td colspan="6">本　人　简　历</td></tr>
</table>

自何年何月	至何年何月	在何地、何单位、任何职	证明人
××××年 ××月	××××年 ××月	××省××市××小学毕业	×××
××××年 ××月	××××年 ××月	××省××市××中学初中毕业	×××
××××年 ××月	××××年 ××月	××省××市××中学高中毕业	×××
××××年 ××月	××××年 ××月	××大学××系××专业毕业	×××
××××年 ××月	××××年 ××月	××公司××部任××	×××
××××年 ××月	××××年 ××月	××公司××部任××	×××

<table>
<tr><td colspan="2">何时何地参加过何种党派、团体或其他组织，任何职务</td><td colspan="4">没有填写“无”。</td></tr>
<tr><td colspan="2">何时何地参加过何种反动组织或封建迷信组织，任何职务，有何活动，以及有何其他政治历史问题，结论如何</td><td colspan="4">凡是本人参加过反动组织或封建迷信组织的，都必须如实扼要地将参加时间、地点、组织名称，以及在何时经组织审查作出的结论意见填写上，没有则填写“无”。</td></tr>
<tr><td colspan="2">何时何地因何原因受过何种奖惩</td><td colspan="4">例：××××年××月　　获×××公司劳动模范</td></tr>
<tr><td rowspan="6">家庭主要成员情况</td><td>关系</td><td>姓名</td><td>出生年月</td><td>政治面貌</td><td>单位、职务或职业</td></tr>
<tr><td></td><td></td><td></td><td></td><td></td></tr>
<tr><td></td><td></td><td></td><td></td><td></td></tr>
<tr><td></td><td></td><td></td><td></td><td></td></tr>
<tr><td></td><td></td><td></td><td></td><td></td></tr>
<tr><td></td><td></td><td></td><td></td><td></td></tr>
<tr><td rowspan="6">主要社会关系情况</td><td></td><td></td><td></td><td></td><td></td></tr>
<tr><td></td><td></td><td></td><td></td><td></td></tr>
<tr><td></td><td></td><td></td><td></td><td></td></tr>
<tr><td></td><td></td><td></td><td></td><td></td></tr>
<tr><td></td><td></td><td></td><td></td><td></td></tr>
<tr><td></td><td></td><td></td><td></td><td></td></tr>
</table>

第一阶段：申请入党

<table>
<tr><td>递交入党
申请书时间</td><td colspan="4">××××年××月××日</td></tr>
<tr><td>接收入党申请书
的党支部名称</td><td colspan="4">中共×××支部委员会</td></tr>
<tr><td rowspan="4">党组织
派人谈
话情况</td><td>谈话人
姓名</td><td>×××</td><td>谈话人
职务</td><td>×××党支部
书记</td></tr>
<tr><td>谈话时间</td><td>××××年××月
××日</td><td>谈话地点</td><td>×××党支部
××会议室</td></tr>
<tr><td colspan="4">谈话主要内容</td></tr>
<tr><td colspan="4">例：××××年××月××日，受×××党支部委派，我与×××同志进行了谈话。通过谈话，我认为×××同志对党有了一定的认识，入党动机较为端正，具有较高的思想政治觉悟，在日常的工作和学习中，能够积极地向党组织靠拢，工作踏实、作风正派、为人正直、团结同志，有较强的事业心和进取精神。不足之处是工作的主动性还有所欠缺。
通过谈话了解到，×××同志的主要家庭成员和社会关系均无重大政治历史问题。

谈话人签名：　　　　　　　　　　××××年××月××日</td></tr>
</table>

第二阶段：入党积极分子的确定和培养教育

<table>
<tr><td rowspan="2">推荐推优情况</td><td>党员推荐情况</td><td colspan="5">（　）名党员推荐，占支部党员比例（　%）</td></tr>
<tr><td>推优群团组织名称</td><td colspan="5"></td></tr>
<tr><td rowspan="2">支委会（支部大会）讨论情况</td><td>会议时间</td><td>××××年××月××日</td><td>应到会人数</td><td>××</td><td>实到会人数</td><td>××</td></tr>
<tr><td>讨论结果</td><td colspan="5">例：××××年××月××日，×××党支部召开支委会会议讨论确定×××同志为入党积极分子问题。经过前期的核查了解和会议的充分讨论，到会人员一致同意确定×××同志为入党积极分子，并指定×××和×××两位同志为其培养联系人。

支部名称：
支部书记签名：　××××年××月××日</td></tr>
<tr><td rowspan="2">公示情况</td><td>公示时间</td><td colspan="5">××××年××月××日至××××年××月××日</td></tr>
<tr><td>公示期间收到的反映及调查核实情况</td><td colspan="5">例：×××同志拟确定为入党积极分子公示期间，未收到群众反映的问题。
注：公示期限一般为 5 个工作日。

支部书记签名：　××××年××月××日</td></tr>
</table>

<table>
<tr><td>党总支审议情况</td><td colspan="3">例：××××年××月××日，党总支委员会讨论了×××同志列为入党积极分子问题。经审查讨论，×××同志手续完备，党总支×名委员一致同意×××党支部委员会讨论结果，同意确定×××同志为入党积极分子。

总支部名称：
总支部书记签名：　　　　××××年××月××日</td></tr>
<tr><td rowspan="2">上级党委备案情况</td><td>上报备案材料时间</td><td colspan="2">××××年××月××日</td></tr>
<tr><td>党委备案意见</td><td colspan="2">例：××××年××月××日收到×××党支部确定×××同志为入党积极分子的有关材料。经审查，×××同志符合入党积极分子条件，入党积极分子手续完备，同意确定×××同志为入党积极分子，同意×××和×××两位同志为其培养联系人。

基层党委名称：
党委书记签名：　　　　××××年××月××日</td></tr>
<tr><td rowspan="3">培养联系人情况</td><td>姓名</td><td>入党时间</td><td>单位、职务或职业</td></tr>
<tr><td></td><td></td><td></td></tr>
<tr><td></td><td></td><td></td></tr>
</table>

培养教育考察情况 （××××年××月××日—××××年××月××日）	
参加学习 情　　况	注：党支部要经常组织入党积极分子学习党的基本知识，结合形势和本单位具体情况，组织上好党课，并逐次记录好时间、内容等。
参加党内 有关活动 情　　况	注：党支部要经常组织入党积极分子参加党内的有关活动，并逐次记录好时间、内容等。
完成党组 织分配工 作情况	注：党组织要有针对性地给入党积极分子分配一定的任务，负责某项具体工作，并认真记录时间、形式、内容、效果等。
党组织 谈心谈话 情　　况	注：培养人一般每季度找入党积极分子谈话一次，党支部每半年对入党积极分子进行一次考察，帮助他们提高对党的认识，端正入党动机。

培　养 联系人 意　见	例：×××同志被确定为入党积极分子以来，能够认真学习党的基本理论、基本路线和基本方略，端正入党动机，联系自己的思想实际，充满对党的感情。主要存在的问题是开展批评不够大胆，工作精细程度不够。 培养联系人签名：　　　　　　××××年××月××日
党小组 意　见	例：×××同志被确定为入党积极分子以来，思想上积极要求进步，认真学习党的基本路线和基本知识，积极参加党支部和党小组的政治理论学习，工作认真负责，善于团结周围同志，虚心接受批评，不断克服自身弱点，思想逐步成熟，进步较快。主要存在的不足是工作中有急躁情绪。 党小组长签名：　　　　　　××××年××月××日
党支部 意　见	例：×××同志被确定为入党积极分子以来，能够用心参加党支部组织的各项政治理论学习，按时向党组织汇报自己的思想和工作，认真负责、踏实肯干，较好地完成各项任务，得到大家的肯定和好评。主要存在的问题是工作的方式方法比较简单，缺少系统性思考。 支部书记签名：　　　　　　××××年××月××日

培养教育考察情况 （××××年××月××日—××××年××月××日）	
参加学习情况	
参加党内有关活动情况	
完成党组织分配工作情况	
党组织谈心谈话情况	

培　养 联系人 意　见	例：经过一年的培养考察，×××同志从思想上和行动上积极向党组织靠拢，针对自身存在的不足，不断加强政治理论学习，思想觉悟和理论水平都有了很大的提高，入党态度进一步明确，动机端正，为人正派，群众基础良好，可以将其列为发展对象。 培养联系人签名：　　　　××××年××月××日
党小组 意　见	例：经过一年的培养考察，×××同志热爱党，入党动机端正，积极性高，思想上、政治上能与党中央保持一致，遵纪守法，工作积极，认真负责，任劳任怨。主要不足是工作不够大胆细致。××××年××月××日，党小组就×××同志入党事宜召开了党员群众座谈会，广泛征求了大家的意见建议，与会人员一致赞同将其列为发展对象。 党小组长签名：　　　　××××年××月××日
党支部 意　见	例：经过一年的培养考察，×××同志认真、深入地学习了党的路线、方针和政策，经常向党组织汇报思想，在各项工作中起到了一定的模范带头作用，受到了周围同志们的好评。×××同志已基本具备入党条件，可以将其列为发展对象。 支部书记签名：　　　　××××年××月××日

第三阶段：发展对象的确定和考察

<table>
<tr><td rowspan="2">党员群众评议情况</td><td>评议时间</td><td></td><td>参加评议党员人数</td><td></td><td>参加评议群众人数</td><td></td></tr>
<tr><td>评议结果</td><td colspan="5">优秀（××）票，一般（××）票，差（××）票，弃权（××）票。</td></tr>
<tr><td>培养联系人意见</td><td colspan="6">例：结合教育培养期间的表现，同意推荐×××同志为发展对象。
培养联系人签名：　　××××年××月××日</td></tr>
<tr><td>党小组意见</td><td colspan="6">例：经党小组研究，一致同意（或×人同意，×人反对）推荐×××同志为发展对象。
党小组长签名：　　××××年××月××日</td></tr>
<tr><td rowspan="2">支委会（支部大会）讨论情况</td><td>会议时间</td><td></td><td>应到会人数</td><td></td><td>实到会人数</td><td></td></tr>
<tr><td>讨论结果</td><td colspan="5">例：××××年××月××日召开支委会会议（或支部党员大会），一致同意（或×人同意，×人反对）确定×××同志为发展对象。
支部名称：
支部书记签名：　　××××年××月××日</td></tr>
</table>

<table>
<tr><td rowspan="2">公示情况</td><td>公示时间</td><td colspan="2">××××年××月××日至××××年××月××日</td></tr>
<tr><td>公示期间收到的反映及调查核实情况</td><td colspan="2">例：×××同志拟确定为发展对象公示期间，未收到群众反映的问题。
注：公示期限一般为5个工作日。
支部书记签名：　　　　××××年××月××日</td></tr>
<tr><td rowspan="2">上级党委备案情况</td><td>上报备案材料时间</td><td colspan="2">××××年××月××日</td></tr>
<tr><td>党委备案意见</td><td colspan="2">例：××××年××月××日收到×××党支部确定×××同志为发展对象的有关材料。经审查，×××同志符合发展对象条件，×××党支部确定×××同志为发展对象的手续完备，同意确定×××同志为发展对象。
基层党委名称：
党委书记签名：　　　　××××年××月××日</td></tr>
<tr><td rowspan="3">入党介绍人情况</td><td>姓名</td><td>入党时间</td><td>单位、职务或职业</td></tr>
<tr><td></td><td></td><td></td></tr>
<tr><td></td><td></td><td></td></tr>
</table>

<table>
<tr><th colspan="4">政治审查情况</th></tr>
<tr><td rowspan="3">审查人</td><td>姓名</td><td>入党时间</td><td>单位、职务或职业</td></tr>
<tr><td></td><td></td><td></td></tr>
<tr><td></td><td></td><td></td></tr>
<tr><td>政治审查的时间及方式</td><td colspan="3">例：××××年××月××日至××××年××月××日，通过与×××同志本人谈话，查阅有关档案资料，对其家庭主要成员和社会关系函调（外调）等方式进行了政治审查。</td></tr>
<tr><td>对党的理论和路线方针政策的态度</td><td colspan="3">例：通过与×××同志本人谈话，×××同志拥护党的路线、方针、政策，认真学习贯彻习近平新时代中国特色社会主义思想和党的十九大精神，在思想上行动上始终和党中央保持高度一致。</td></tr>
<tr><td>政治历史和在重大政治斗争中的表现</td><td colspan="3">例：经审查，该同志思想稳定、政治可靠、历史清楚，在政治历史和重大政治斗争中没有发现重大问题，现实表现良好。</td></tr>
<tr><td>遵纪守法和遵守社会公德情况</td><td colspan="3">例：经审查，×××同志严格遵守国家法律法规和社会公德，未发现违法违纪行为。</td></tr>
</table>

直系亲属和主要社会关系的政治情况	例：通过对×××同志家庭主要成员和社会关系函调（外调），其家庭主要成员和社会关系政治历史清白，没有发现政治历史问题。
其他需要说明的问题	注：主要填写需要向党组织说明而没有相应栏目可填写的问题，以及对其他栏目需要补充说明的问题。
政治审查结　　论	例：×××同志坚决拥护中国共产党领导，工作踏实认真，业绩良好，无不良生活作风和工作习惯，未发现有任何违法违纪行为，历史清楚，思想政治表现良好，已具备入党条件。 负责审查的党组织名称： 党组织书记签名：　　　　××××年××月××日
参加短期集中培训情况	
××××年××月××日至××××年××月××日，经过在×××党校3天（24学时）对××××等内容的培训学习，×××同志对党的基本知识，有了比较全面的了解，测试成绩合格，可以继续发展培养。	

第四阶段：预备党员的接收

<table>
<tr><td>支委会
审　查
情　况</td><td colspan="6">例：通过广泛征求支部党员群众的意见建议，并经支委会审查，××同志入党材料齐全、政治历史清楚，符合接收预备党员条件。
支部名称：
支部书记签名：　　××××年××月××日</td></tr>
<tr><td rowspan="3">基层
党委
预审
情况</td><td>上报预审材料时间</td><td colspan="5">××××年××月××日</td></tr>
<tr><td>听取执纪执法等相关部门意见情况</td><td colspan="5">例：××××年××月××日，××公司党委就×××同志拟接收预备党员事宜征求×××、×××、×××等部门意见，没有发现影响其加入党组织的问题。</td></tr>
<tr><td>预审
意见</td><td colspan="5">例：经审查，×××同志入党手续完备，政治历史清楚，预审合格，同意提交支部党员大会讨论接收其为中共预备党员。
基层党委名称：
党委书记签名：　　××××年××月××日</td></tr>
<tr><td rowspan="3">支部
大会
讨论
情况</td><td>会议时间</td><td colspan="5">××××年××月××日</td></tr>
<tr><td>应到会党员数</td><td>××</td><td>实到会党员数</td><td>××</td><td>会前提出书面意见的党员数</td><td>××</td></tr>
<tr><td>表决结果</td><td colspan="5">赞成（××）票，不赞成（××）票，弃权（××）票</td></tr>
<tr><td>党总支
审　议
情　况</td><td colspan="6">例：××××年××月××日，党总支委员会讨论了×××同志入党问题。经审查讨论，×××同志入党手续完备，具备党员条件，党总支×名委员一致同意×××同志加入中国共产党。
总支部名称：
总支部书记签名：　　××××年××月××日</td></tr>
</table>

<table>
<tr><td>上报审批材料时间</td><td colspan="4">××××年××月××日</td></tr>
<tr><td rowspan="3">基层党委派人同发展对象谈话情况</td><td>谈话人姓名及职务</td><td colspan="3"></td></tr>
<tr><td>谈话时间及地点</td><td colspan="3"></td></tr>
<tr><td>对发展对象能否入党的意见</td><td colspan="3">例：通过谈话，并结合审阅其入党材料，我认为×××同志思想作风正派，对组织忠诚老实，工作踏实，有较强的事业心和奉献精神，入党动机端正，有为党的事业奋斗终身的决心。
我认为×××同志已基本具备党员条件，可以接收为中共预备党员。</td></tr>
<tr><td rowspan="3">基层党委审批</td><td>召开党委会时间</td><td>××××年××月××日</td><td>参会人数</td><td>××</td></tr>
<tr><td>表决结果</td><td colspan="3">××人赞同，××人反对，××人弃权</td></tr>
<tr><td>审批意见</td><td colspan="3">例：经党委会研究，×××同志已具备党员条件，入党手续完备，批准其为中共预备党员，预备期一年，从××××年××月××日起至××××年××月××日止。

基层党委名称：
党委书记签名：　　　　××××年××月××日</td></tr>
<tr><td>上级党委组织部门备案情况</td><td colspan="4">例：××××年××月××日，××公司党委就接收×××同志为中共预备党员事宜向上级党委组织部门备案同意。</td></tr>
</table>

第五阶段：预备党员的教育考察和转正

编入党支部和党小组名称	×××公司×××党支部×××党小组
入党宣誓时间	××××年××月××日
教育考察情况 （××××年××月××日—××××年××月××日）	
培养教育的主要内容及方式	党组织应当通过党的组织生活、听取本人汇报、个别谈心、集中培训、实践锻炼等方式，对预备党员进行教育和考察。
党小组意见	例：成为预备党员以来，×××同志思想上严格要求自己，追求进步，认真学习党章、党规，工作上勤学好问，与周围同事团结合作，积极参加党内各项活动，作风正派。存在的不足主要是工作的前瞻性、计划性不强。 党小组长签名：　　　　××××年××月××日
党支部意见	例：成为预备党员以来，×××同志努力学习习近平新时代中国特色社会主义思想和党的十九大精神，拓宽理论视野。在工作中始终以一名正式党员的标准要求自己，勤学好问、努力认真，高标准完成党组织交办的各项任务，入党动机端正。存在的不足主要是学习的深度和广度不够。 支部书记签名：　　　　××××年××月××日

<table>
<tr><td colspan="2">教育考察情况
（××××年××月××日—××××年××月××日）</td></tr>
<tr><td>培养教育的主要内容及方式</td><td></td></tr>
<tr><td>党小组意　见</td><td>例：×××同志预备党员期间，能够用党员的标准来严格要求自己，不断加强党性修养，在思想上行动上与党中央始终保持高度一致。积极参加组织活动，过好组织生活，自觉履行党员义务，按时缴纳党费，高质量完成各项工作，存在的不足主要是个人情绪不够沉稳。

党小组长签名：　　××××年××月××日</td></tr>
<tr><td>党支部意　见</td><td>例：×××同志能够用习近平新时代中国特色社会主义思想武装头脑；工作积极主动、求真务实，较好地完成了党组织交办的各项任务；能够定期地向党组织汇报思想，积极参加组织生活，履行党员义务，起到了一名党员的模范带头作用，党员群众反映良好。存在的不足主要是理论联系实际不够。

支部书记签名：　　××××年××月××日</td></tr>
</table>

提出转正申请时间	××××年××月××日
党小组意见	例：×××同志在预备党员期间，能够按照党员标准严格要求自己，在工作中踏实肯干，自觉接受党组织的教育和考察，认真履行党员义务，积极团结周围同志。 经党小组研究，一致同意（或×人同意，×人反对）×××同志转为正式党员。 党小组长签名： ××××年××月××日
征求党员和群众意见情况	例：×××党支部×××党小组采取个别谈话的方式，就×××同志预备党员转正问题，征求了党内外×××同志、×××同志、×××同志、×××同志、×××同志等××位同志的意见建议。大家一致认为，×××同志充分发挥了党员示范带动作用，认真履行党员职责，基本具备正式党员的条件。 支部书记签名： ××××年××月××日
支委会审查情况	例：×××同志于××××年××月××日被接收为中共预备党员，预备期一年，到××××年××月××日预备期满。入党介绍人×××、×××。该同志在预备期间政治合格、表现良好。经支部委员会审查，同意其转正申请，拟于近期召开支部大会讨论其转正问题。 支部名称： 支部书记签名： ××××年××月××日

<table>
<tr><td rowspan="3">支部大会讨论情况</td><td>会议时间</td><td colspan="6">××××年××月××日</td></tr>
<tr><td>应到会党员数</td><td>××</td><td>实到会党员数</td><td>××</td><td>会前提出书面意见的党员数</td><td>××</td></tr>
<tr><td>表决结果</td><td colspan="6">赞成（××）票，不赞成（××）票，弃权（××）票</td></tr>
<tr><td rowspan="2">公示情况</td><td>公示时间</td><td colspan="6">××××年××月××日至××××年××月××日</td></tr>
<tr><td>公示期间收到的反映及调查核实情况</td><td colspan="6">例：×××同志预备党员转正公示期间，未收到群众反映的问题。
支部书记签名：　　××××年××月××日</td></tr>
<tr><td rowspan="2">基层党委审批情况</td><td>上报审批材料时间</td><td colspan="6">××××年××月××日</td></tr>
<tr><td>审批意见</td><td colspan="6">例：××××年××月××日，××公司党委会议审议讨论了×××同志的转正问题。公司党委委员共××名，实到会委员××名。××名党委委员一致认为，×××同志已具备正式党员条件，同意批准其按期转为中共正式党员，党龄自××××年××月××日算起。
基层党委名称：
党委书记签名：　　××××年××月××日</td></tr>
<tr><td>材料归档情况</td><td colspan="7">例：××××年××月××日党支部将×××同志入党材料交×××党委存入本人人事档案。
接收档案的党组织名称：
接收人签名：　　××××年××月××日</td></tr>
</table>

备　注

第六章　党员教育管理工作标准和规范

党员教育管理是党的建设基础性经常性工作。2019 年 5 月，中共中央印发《中国共产党党员教育管理工作条例》，以习近平新时代中国特色社会主义思想为指导，以党章为根本遵循，总结吸收实践创新成果，对党员教育管理的内容、方式、程序等作出规范，是新时代党员教育管理工作的基本遵循。

一、党员教育管理

（一）基本要求

1. 党组织应当加强党员教育管理，引导党员坚定共产主义远大理想和中国特色社会主义共同理想，增强“四个意识”、坚定“四个自信”、做到“两个维护”，增强党性，提高素质，认真履行义务，正确行使权利，充分发挥先锋模范作用。

2. 党员教育管理工作以马克思列宁主义、毛泽东思想、邓小平理论、“三个代表”重要思想、科学发展观、习近平新时代中国特色社会主义思想为指导，落实新时代党的建设总要求和新时代党的组织路线，坚持教育、管理、监督、服务相结合，推进“两学一做”学习教育常态化制度化，不断增强党员教育管理针对性和有效性，努力建设政治合格、执行纪律合格、品德合格、发挥作用合格的党员队伍。

（二）遵循原则

1. 坚持党要管党、全面从严治党，将严的要求落实到党员教育管理工作全过程和各方面，党员领导干部带头接受教育管理。

2. 坚持以党的政治建设为统领，突出党性教育和政治理论教育，引导党员遵守党章党规党纪，不忘初心、牢记使命。

3. 坚持围绕中心、服务大局，注重党员教育管理质量和实效，保证党的理论和路线方针政策、党中央决策部署贯彻落实。

4. 坚持从实际出发，加强分类指导，尊重党员主体地位，充分发挥党支部直接教育、管理、监督党员作用。

（三）基本任务

1. 加强政治理论教育，突出党的创新理论学习，组织党员学习党的基本理论、基本路线、基本方略，学习马克思主义基本原理和党的基本知识，引导党员坚定理想信念，增强党性修养，努力掌握并自觉运用马克思主义立场观点方法。

2. 突出政治教育和政治训练，严格党内政治生活锻炼，教育党员旗帜鲜明讲政治，提高政治觉悟和政治能力，严守政治纪律和政治规矩，永葆共产党人政治本色，做到“四个服从”，在思想上政治上行动上同以习近平同志为核心的党中央保持高度一致。

3. 强化党章党规党纪教育，引导党员牢记入党誓词，坚持合格党员标准，自觉遵守党的纪律，带头践行社会主义核心价值观，培养高尚道德情操，培育良好思想作风、学风、工作作风、生活作风和家风。加强宪法法律法规教育，引导党员尊法学法守法用法。

4. 加强党的宗旨教育，引导党员践行全心全意为人民服务的根本宗旨，贯彻党的群众路线，提高群众工作本领，密切联系服务群众。

5. 进行革命传统教育，引导党员学习党史、国史、改革开放史、社会主义发展史和中华优秀传统文化，铭记党的奋斗历程，弘扬党的优良传统，传承红色基因，践行共产党人价值观，激发爱国主义热情。

6. 开展形势政策教育，围绕贯彻执行党和国家重大决策、推进落实重大任务，宣讲党的路线方针政策，解读世情国情党情，回应党员关注的问题，引导党员正确认识形势，把思想和行动统一到党中央要求上来。

7. 注重知识技能教育，根据党员岗位职责要求和工作需要，组织引导党员学习掌握业务知识、科技知识、实用技术等，帮助党员提高综合素质和履职能力，增强服务本领。

（四）主要方式

1. 国有企业党组织应当坚持集中教育和经常性教育相结合，采取集中轮训、党委（党组）理论学习中心组学习、理论宣讲、在线学习培训等方式，强化政治理论教育、党的宗旨教育、党章党规党纪教育和革命传统教育，组织引导党员认真学习党史、国史、改革开放史、社会主义发展史，推进“两学一做”学习教育常态化制度化，把不忘初心、牢记使命作为加强党的建设的永恒课题和全体党员、干部的终身课题，形成长效机制。

2. 党支部可以采取“三会一课”、主题党日、组织生活会、民主评议党员等方式，坚持重温入党誓词、重温入党志愿书等有效做法，对党员进行经常性的教育管理，不断增强党内政治生活的政治性、时代性、原则性、战斗性。党员应当按期参加党员大会、党小组会和上党课，进行学习交流，汇报思想、工作等情况。党员领导干部应当参加双重组织生活，落实讲党课制度。

3. 基层党组织注重分析党员思想状况和心理状态，党组织负责人应当经常同党员谈心谈话，有针对性地做好思想政治工作。

4. 基层党委每年应当组织党员集中轮训，根据事业发展和党的建设重点任务，结合本部门本单位中心工作和党员实际，确定培训内容和方式。党员每年集中学习培训时间一般不少于32学时。

5. 党组织应当按照党中央部署和上级要求，组织党员认真参加党内集中学习教育，引导党员围绕学习教育主题，深入学习党的创新理论，查找解决自身存在的突出问题。行业系统党组织可以根据党员思想状况和党的建设需要，适时开展专题学习教育。

6. 党组织应当充分发挥党员的先锋模范作用，紧密结合企业生产经营开展党组织活动，通过树立、学习身边的榜样，设立党员责任区、党员示范岗、党员突击队、党员服务队等形式，引导党员创先争优、攻坚克难，争当生产经营的能手、创新创业的模范、提高效益的标兵、服务群众的先锋，做到平常时候看得出来、关键时刻站得出来、危急关头豁得出来。引导党员积极参与志愿服务，注重发挥党员在区域化党建和基层治理中的重要作用。

7. 党组织应当坚持从严教育管理和热情关心爱护相统一，从政治、思想、工作、生活上激励关怀帮扶党员。

二、党籍和组织关系管理

（一）党籍

党籍是指党员的资格。经党支部党员大会通过、基层党委审批接收的预备党员，自通过之日起，即取得党籍。

1. 对因私出国并在国外长期定居的党员，出国学习研究超过5年仍未返回的党员，一般予以停止党籍。停止党籍的决定由保留其组织关系的党组织按照有关规定作出。

2. 对与党组织失去联系6个月以上、通过各种方式查找仍然没有取得联系的党员，予以停止党籍。停止党籍的决定由所在党支部或者上级党组织按照有关规定作出。停止党籍2年后确实无法取得联系的，按照自行脱党予以除名。

3. 对停止党籍的党员，符合条件的，可以按照规定程序恢复党籍。对劝其退党、劝而不退除名、自行脱党除名、退党除名、开除党籍的，原则上不能恢复党籍，符合条件的可以重新入党。

（二）组织关系

党员组织关系是指党员对党的基层组织的隶属关系，每一个党员必须编入党的一个支部、小组或者其他特定组织。及时办理转接党员组织关系，是加强党员管理的一项基础性工作和重要措施，也是增强党员的党性和组织观念，加强党员教育管理和监督的一项经常性工作。

1. 转接组织关系的凭证及适用范围

党员组织关系包括正式组织关系和临时组织关系。转移和接收正式组织关系，应当凭据《中国共产党党员组织关系介绍信》（以下简称《党员组织关系介绍信》）；转移和接收临时组织关系，应当凭据《中国共产党党员证明信》（以下简称《党员证明信》）或《中国共产党流动党员活动证》（以下简称《流动党员活动证》）。

（1）党员工作单位、经常居住地发生变动的，或者外出学习、工作、生活6个月以上并且地点相对固定的，应当转移组织关系。一般应当开具《党员组织关系介绍信》，按规定转移正式组织关系。党员组织关系转出后，党员在党组织中的隶属关系随即发生变化，党员应在转入单位党组织参加党的组织生活，交纳党费。

（2）外出时间6个月及6个月以内的，一般应当开具《党员证明信》，持《党员证明信》的党员，在所在单位参加党的组织生活。但不享有表决权、选举权和被选举权。

（3）外出地点、时间不确定的，一般应当持有《流动党员活动证》。该证是流动党员参加党的组织生活和党内活动的凭证，适用于短期外出（6个月以内）或长期外出但暂时无法转接组织关系的党员。符合发证条件的党员，可持证在外出所在地或单位党组织参加党的组织生活，但不享有表决权、选举权和被选举权。

（4）短期外出开会、参观、学习、实习、考察等，时间3个月及以内，无须证明党员身份的，可不开具党员组织关系凭证。

2. 转接流程

按照规定具有审批预备党员权限的基层党委，可以在全国范围直接相互转移和接收党员组织关系。

（1）通过“全国党员管理信息系统”转接。在“全国党员管理信息系统”内联网的基层党组织，可通过“全国党员管理信息系统”发起转接，系统转接后，须提醒党员及时到接收方党组织报到办理。

（2）不能通过“全国党员管理信息系统”进行组织关系转接的党组织按照规定，由具有审批预备党员权限的基层党委开具纸质介绍信进行转接。

3. 注意事项

（1）党组织接收党员组织关系时，要对《党员组织关系介绍信》《党员证明信》进行认真审查核对，如有必要，可以采取适当方式查核党员档案。对组织关系转出但尚未被接收的党员，原所在党组织仍然负有管理责任。

（2）身兼多职的党员领导干部，其党员正式组织关系一般应放在本人主要职务所在单位，参加党组织活动。

（3）基层党组织在党员组织关系转接过程中要及时做好党员档案的转接工作。接收党员的党组织，在验明党员身份后，应及时将其编入党支部、党小组。

（4）对没有人事档案的党员，应当由具有审批预备党员权限的基层党委建立党员档案，由所在党委或者县级以上党委组织部门保存。

三、组织处置和纪律处分

（一）组织处置

组织处置是在坚持党员政治标准和基本条件，坚持抓早抓小、防微杜渐，坚持立足教育、区别对待的情况下，对在党员日常监督中发现的问题，综合考虑其性质、情节轻重和本人态度，对存在问题的党员进行的处理方法。

对党员进行组织处置是纯洁党员队伍，保证党员质量的组织手段。

1. 限期改正

对缺乏革命意志，不履行党员义务，不符合党员条件，但本人能够正确认识错误、愿意接受教育管理并且决心改正的党员，党组织应当作出限期改正处置，限期改正时间不超过 1 年。对给予限期改正处置的党员应当采取帮助教育措施。

2. 除名处置

党员具有下列情形之一的，按照规定程序给予除名处置：

（1）理想信念缺失，政治立场动摇，已经丧失党员条件的，予以除名；

（2）信仰宗教，经党组织帮助教育仍没有转变的，劝其退党，劝而不退的予以除名；

（3）因思想蜕化提出退党，经教育后仍然坚持退党的，予以除名；

（4）为了达到个人目的以退党相要挟，经教育不改的，劝其退党，劝而不退的予以除名；

（5）限期改正期满后仍无转变的，劝其退党，劝而不退的予以除名；

（6）没有正当理由，连续 6 个月不参加党的组织生活，或者不交纳党费，或者不做党所分配的工作，按照自行脱党予以除名。

对党员进行除名处置，一般由支部党员大会研究决定，并报上级党组织批准。支部党员大会讨论时，应通知本人参加并允许发表意见。

3. 党员退党

《中国共产党章程》规定："党员有退党的自由。党员要求退党，应当经支部大会讨论后宣布除名，并报上级党组织备案。"党员退党由党员书面向党支部提出，经支部党员大会讨论决定后报上级党组织备案。党支部通过支部大会宣布除名的决议、退党申请书报上级党委存入人事档案，在其《中国共产党入党志愿书》"备注"栏目注明退党日期和原因。

对要求退党的，要弄清原因，如平时表现很好，因受到打击报复或不公正对待而一时激愤提出退党的，党组织既要为其主持公正，又要批评其要求退党的行为，经教育引导认识到错误、主动撤回退党申请的，可不作退党处理。

（二）纪律处分

党的纪律处分是党的组织对于违犯党纪的党员，根据其错误性质和情节的轻重，按照党章的有关规定作出的处罚。党纪处分是对违纪党员采取的必要的教育手段和组织手段。

1. 工作原则

（1）坚持党要管党、全面从严治党。加强对党的各级组织和全体党员的教育、管理和监督，把纪律挺在前面，注重抓早抓小、防微杜渐。

（2）党纪面前一律平等。对违犯党纪的党组织和党员必须严肃、公正执行纪律，党内不允许有任何不受纪律约束的党组织和党员。

（3）实事求是。对党组织和党员违犯党纪的行为，应当以事实为依据，以党章、其他党内法规和国家法律法规为准绳，准确认定违纪性质，区别不同情况，恰当予以处理。

（4）民主集中制。实施党纪处分，应当按照规定程序经党组织集体讨论决定，不允许任何个人或者少数人擅自决定和批准。上级党组织对违犯党纪的党组织和党员作出的处理决定，下级党组织必须执行。

（5）惩前毖后、治病救人。处理违犯党纪的党组织和党员，应当实行惩戒与教育相结合，做到宽严相济。

2. 纪律处分的种类

党章规定的党纪处分有五种：警告、严重警告、撤销党内职务、留党察看、开除党籍。

（1）警告。是指党组织和党的纪检机关对违纪党员提出告诫，指出其行为的危害性，促使其认识错误，引起警觉，防止再犯此类错误的一种党纪处分。适用于错误较轻，但必须给予党纪处分的违纪党员。

（2）严重警告。是指党组织和党的纪检机关对违纪党员提出严重告诫，指出其行为的危害性，责令其认识错误，不得再犯此类错误的一种党纪处分。适用于所犯错误比较严重的违纪党员。

（3）撤销党内职务。是指撤销受处分党员由党内选举或者组织任命党内职务。对于在党内担任两个以上职务的，党组织在作处分决定时，应当明确是撤销其一切职务还是一个或者几个职务。如果决定撤销其一个职务，必须撤销其担任的最高职务。如果决定撤销其两个以上职务，则必须从其担任的最高职务开始依次撤销。

对于应当受到撤销党内职务处分，但是本人没有担任党内职务的，应当给予其严重警告处分。

（4）留党察看。是指党组织和党的纪检机关对于那些严重违反党的纪律，但尚未完全丧失共产党员条件的党员，在作出开除其党籍处分决定之前，给予一定的考察期限，敦促其彻底改正错误的一种党纪处分。

党员受留党察看处分期间，没有表决权、选举权和被选举权。留党察看期间，确有悔改表现的，期满后恢复其党员权利；坚持不改或者又发现其他应当受到党纪处分的违纪行为的，应当开除党籍。党员受到留党察看处分，其党内职务自然撤销。

（5）开除党籍。是指党组织和党的纪检机关对严重违反党的纪律，已丧失共产党员条件的党员，取消其党籍，将其开除出党的组织的一种纪律处分。受到开除党籍处分的党员，其党内职务自然撤销。

3. 其他规定

（1）对预备党员违犯党纪的处分。预备党员违犯党纪，情节较轻，可以保留预备党员资格的，党组织应当对其批评教育或者延长预备期；情节较重的，应当取消其预备党员资格。

（2）对违纪后下落不明的党员，应当区别情况作出处理。对有严重违纪行为，应当给予开除党籍处分的，党组织应当作出决定，开除其党籍；除此之外，下落不明时间超过六个月的，党组织应当按照党章规定对其予以除名。

（3）对死亡的违纪党员的处分。违纪党员在党组织作出处分决定前死亡，或者在死亡之后发现其曾有严重违纪行为，对于应当给予开除党籍处分的，开除其党籍；对于应当给予留党察看以下（含留党察看）处分的，作出违犯党纪的书面结论和相应处理。

（4）党纪处分决定作出后，应当在一个月内向受处分党员所在党的基层组织中的全体党员及其本人宣布，是领导班子成员的还应当向所在党组织领导班子宣布，并按照干部管理权限和组织关系将处分决定材料归入受处分者档案。

4. 基本组织程序

给予违犯党的纪律的党员以党的纪律处分的基本组织程序是：

（1）对违犯纪律的党员所犯的错误事实进行认真审查核实，写出审查报告，并同党员本人进行谈话，听取他对错误事实的说明和申辩。

（2）除特殊情况可由县级和县级以上各级党委和纪律检查委员会直接作出处理决定外，必须经过支部党员大会讨论决定，并按照处分党员的批准权限的规定，逐级报上级党组织批准。支部党员大会讨论对党员的处分时，应通知受处分的党员出席会议。允许本人申辩，也允许别人替他辩护。

（3）支部党员大会通过处分决定后，应将处分决定和所依的事实材料同本人见面，并让他在处分决定上签署意见，然后上报。

（4）给予撤销党内职务以上的处分以及本人对处分有意见的，批准处分的党组织在审理过程中，应派人同受处分人谈话，听取本人对所认定的错误事实与定性处理的意见，同时对他进行必要的教育。

（5）上级党组织批准对党员的处分决定，必须经集体讨论决定。决定后应当正式下达批复。处分决定下达后，下级党组织应当在适当范围内宣布，并通知犯错误的党员。

5. 对党组织的纪律处分

对于违犯党的纪律的党组织，上级党组织应当责令其作出检查或者进行通报批评。对于严重违犯党的纪律、本身又不能纠正的党组织，上一级党的委员会在查明核实后，根据情节严重的程度，可以予以改组或解散。

（1）改组。对于严重违犯党纪、本身又不能纠正的党组织领导机构，应当予以改组。受到改组处理的党组织领导机构成员，除应当受到撤销党内职务以上（含撤销党内职务）处分的外，均自然免职。

（2）解散。对于全体或者多数党员严重违犯党纪的党组织，应当予以解散。对于受到解散处理的党组织中的党员，应当逐个审查。其中，符合党员条件的，应当重新登记，并参加新的组织过党的生活；不符合党员条件的，应当对其进行教育、限期改正，经教育仍无转变的，予以劝退或者除名；有违纪行为的，依照规定予以追究。

四、不合格党员的处置

（一）准确认定不合格党员

准确认定不合格党员是做好组织处置工作的关键。对民主评议中被评为

“差”的党员，支委会（不设支委会的召开支部大会，下同）要结合平时掌握的党员现实表现，对照以下情形，客观准确地认定不合格党员。

1. 理想信念缺失，对马克思主义缺乏信仰，对中国特色社会主义缺乏信心，推崇西方价值观念和社会制度，热衷于组织、参加宗教活动和封建迷信活动。

2. 政治立场动摇，在思想上政治上行动上不能自觉与党中央保持一致，不能严格遵守党的政治纪律和国家法律法规，传播政治谣言及有损党和国家形象的言论。

3. 宗旨观念淡薄，服务群众意识差，利己主义严重，与民争利甚至损害群众利益，在人民群众生命财产安全受到威胁时临危退缩。

4. 工作消极懈怠，不思进取、不负责任、不敢担当，在生产、工作、学习和社会生活中不起先锋模范作用，落后于普通群众。

5. 组织纪律散漫，不按规定参加党的组织生活，不按时交纳党费，不完成党组织分配的任务，不按党的组织原则办事，甚至参加非组织活动。

6. 道德行为不端，违反社会公德、职业道德、家庭美德，贪图享受，奢侈浪费，沉迷低级趣味，生活作风不检点。

各单位各部门可结合实际，从以上方面分类细化不合格党员具体表现。

（二）严格执行不合格党员处置程序

对评定为不合格的党员，党组织要根据其表现和态度进行组织处置。对有继续留在党内的愿望、愿意接受教育并决心改正的不合格党员，党组织应要求其限期改正，时间一般为1年；限期改正期间，党员权利不受影响。对拒不改正或限期改正期满仍无转变的，应当劝其退党，劝而不退的予以除名。党员如果没有正当理由，连续6个月不参加党的组织生活，或不交纳党费，或不做党所分配的工作，按自行脱党予以除名。

处置不合格党员应当执行以下程序：

1. 党支部在民主评议党员工作中，根据个人自评、党员互评、民主测评结果，由支委会对有不合格表现的党员作出初步认定。

2. 党支部对党员不合格表现进行调查，形成调查核实材料，支委会提出初步处置意见。基层党委（具有审批预备党员权限的党委，下同）可派人参加。

3. 党支部将初步处置意见、调查核实材料报基层党委预审。

4. 经预审同意后，党支部召开支部大会，通报对拟处置党员调查核实和预审情况，讨论处置意见并进行表决。

5. 党支部表决结果报上级党组织审批。党支部接到审批意见后，及时通知被处置党员，并以适当方式宣布。

对受到限期改正处置的党员，党支部要通过谈心谈话、教育培训、结对帮扶等措施促其改正。限期改正期满，党支部对其进行评议，根据改正情况作出相应决议，按程序上报审批。对被劝退、除名的，基层党组织要认真做好思想政治工作。被处置党员对处置结果有不同意见的，按《中国共产党党员权利保障条例》规定提出申诉。党组织要按照规定进行复议、复查，并对本人作出回复。

（三）注意事项

处置不合格党员要注意区分主观原因和客观原因、个人原因和组织原因、一时表现和一贯表现，做到事实清楚、理由充分，处置恰当、手续完备，确保处置结果经得起历史检验。

对党员所在单位或居住地党组织不健全、组织生活不正常，以及党员年老体弱、长期患病、行动不便，造成无法正常参加组织活动、不能履行党员义务的，不能简单认定为不合格党员予以处置。

对按照《中国共产党纪律处分条例》规定应当给予党纪处分的党员，不能用组织处置代替党纪处分。对受警告、严重警告、撤销党内职务、留党察看处分的党员，一般不因同一问题再进行组织处置；但有其他不合格表现的，应当按程序作出相应处置，对被劝退、除名的及时通报纪检机关。

五、党内关怀帮扶

开展党内关怀帮扶，必须坚持严管和厚爱结合、激励和约束并重，着力增强党员党的意识和宗旨意识，教育引导党员不忘初心、牢记使命，吃苦在前，享受在后，全心全意为人民服务；热情关怀帮扶党员，不断激发党员履职尽责、担当作为的内生动力。

（一）主要内容

加强政治理论教育、纪律作风教育、形势政策教育和革命传统教育，坚持用习近平新时代中国特色社会主义思想武装全党，深入推进“两学一做”学习教育常态化制度化，引导广大党员增强“四个意识”，坚定“四个自信”，做到“两个维护”。

党组织应严格党内政治生活，加强日常管理监督，采取有意义的方式为党员过“政治生日”，教育引导党员珍视党员身份，积极参加党的活动，自觉加强党性锻炼，勇于开展批评和自我批评，不断提高政治思想觉悟，树立正确的世界观、人生观、价值观，增强遵守党章党规党纪的自觉性。

通过授予荣誉称号、表彰奖励和表扬等形式，对于作出贡献、表现突出的党员进行褒奖。对于党龄达到50年、一贯表现良好的党员，依据荣誉性纪念章颁发权限，颁发“光荣在党50年”纪念章。

在培养发展入党和党员转接组织关系、获得功勋荣誉表彰时，党组织应当派人与其谈心谈话，给予鼓励鞭策。党员受到组织处理、纪律处分，或者发现有苗头性倾向性问题时，党组织应当及时谈话提醒，进行教育帮助。建立健全党员领导干部直接联系党员制度，党员领导干部应当积极接受党员约谈。

党组织应当合理安排党员参加入职、岗位等培训，鼓励支持党员参加成人教育、函授教育、网络教育等继续教育，积极为党员职业发展创造良好条件。

党组织应当关心关怀党员身心健康状况，及时了解掌握党员身患严重疾病、遭遇重大挫折、遭受家庭重大变故、经历重大自然灾害或者事故以及长期承担急难险重任务等情况，对于遭受严重心理创伤的党员，及时采取有效措施进行心理疏导和干预。

（二）重点对象

党员临终前，党组织应当派人或者采取适当方式探望抚慰。党员去世后，派人或者采取适当方式吊唁并慰问其亲属。

主动关心关爱因公殉职、牺牲党员的家庭，掌握其父母和配偶、子女的经济来源以及养老就医、入学就业等情况，明确专人联系，定期跟踪走访，帮助解决实际问题。

对于生活困难尤其是需要赡养老人、抚养未成年子女的，党组织应当加强联系、持续帮扶。因公殉职、牺牲党员的父母和配偶、子女生病就医的，党组织应当给予适当帮助；对于生活特别困难的，协调有关部门单位在政策规定范围内，以适当形式提供医疗补助或者救助。

敬重关爱老党员，按照规定范围，及时向老党员传达党的路线方针政策、上级党组织的决议和有关文件精神，注意听取他们的意见建议。热情为老党员提供学习教育、文体活动、健康咨询、心理慰藉等服务。对于重病、高龄、失能等特殊困难的老党员，党组织应当经常上门看望，通过党员义工、志愿服务等方式，给予关心照顾。

主动了解掌握生活困难党员情况，依托党员管理信息系统建立生活困难、鳏寡孤独、老弱病残等党员信息库，通过社会保障、党内互助等方式，帮助协调解决实际困难。组织开展“送温暖、献爱心”和元旦、春节等重大节日、“七一”走访慰问等活动，为生活困难党员提供多种形式的帮助。

对于党员因参加重大任务、专项工作导致生活困难的，或者其家庭成员遇到重大自然灾害、重大意外事故、重大疾病等突发情况的，党组织应当及时派人上门看望慰问，帮助解决具体问题。

六、党内功勋荣誉表彰

党内功勋荣誉表彰，是指通过授予勋章、荣誉称号，表彰以及颁发纪念章等形式，对党员、党组织等进行褒奖。

为了充分发挥先进典型表率示范作用，激励广大党员和党组织奋发进取、创先争优，增强党的创造力、凝聚力、战斗力，保持发展党的先进性和纯洁性，2017 年 8 月，由中共中央制定的《中国共产党党内功勋荣誉表彰条例》颁布施行。2018 年 12 月，中共河南省委印发《贯彻〈中国共产党党内功勋荣誉表彰条例〉实施办法》。

（一）遵循原则

1. 体现先进性、代表性和时代性；
2. 以德为先、注重实绩、群众公认；
3. 公开、公平、公正；
4. 依法依规、坚持标准、从严掌握；
5. 以精神激励为主；
6. 分级分类管理。

（二）类别形式

1. 勋章

党中央设立“七一勋章”。“七一勋章”是党内最高荣誉，授予在中国特色社会主义伟大事业和党的建设新的伟大工程中作出杰出贡献、创造宝贵精神财富的党员。

2. 荣誉称号

党中央设立的荣誉称号，授予在中国特色社会主义伟大事业和党的建设新的伟大工程中作出突出贡献、具有崇高精神风范，以及在抢险救灾、处置突发事件或者完成重大专项任务等工作中表现特别突出、事迹特别感人的党员和党组织。

3. 表彰

（1）表彰项目。省委和市县党委及其派出的代表机关、国家工作部门党委、基层党委，可以设立优秀共产党员、优秀党务工作者、先进党组织等表彰项目。

（2）标准条件。表彰对象应当认真学习贯彻习近平新时代中国特色社会主义思想，始终坚定理想信念，自觉遵守党章，增强“四个意识”，坚定“四个自信”，做到“两个维护”。不同类型的表彰对象，还应具备相应条件：

优秀共产党员表彰对象应当是模范履行党员义务，正确行使党员权利，自觉遵守党的纪律，在生产、工作、学习和社会生活中带头发挥先锋模范作用的正式党员；重点表彰基层和生产、工作一线的党员。

优秀党务工作者表彰对象应当是模范履行党的建设工作职责、作出显著成绩的专职或者兼职党务工作者；一般应从事专职党务工作 2 年或者兼职党务工作 3 年以上，重点表彰基层党务工作者。

先进党组织表彰对象应当是模范履行职能职责，政治领导力、思想引领力、群众组织力、社会号召力强，出色完成各项任务的党组织；重点表彰基层党组织。

（3）表彰频次。党组织一般定期开展集中表彰。省委集中表彰，一般每 5 年 1 至 2 次。市县党委，省市县党委派出的代表机关、国家工作部门党委集中表彰，一般每 5 年 2 至 3 次。基层党委集中表彰的时间，由上级党组织作出规定。

（4）数量规模。集中表彰的数量，一般根据党员和党组织数量、结构、分布等因素确定。

省委派出的代表机关、省级国家工作部门党委，集中表彰优秀共产党员的数量一般不超过100名，集中表彰优秀党务工作者的数量一般不超过50名，集中表彰先进党组织的数量一般不超过100个。

其他党组织集中表彰的数量，由上级党组织作出指导性规定。

（5）表彰程序。党组织开展集中表彰，一般按照以下程序进行：

①启动。开展表彰的党组织制定表彰工作方案，于开展集中表彰1个月前，报上级党委（工委）组织部门备案。方案的内容一般应当包括表彰项目、表彰依据、表彰范围、表彰名额、评选条件、工作程序、奖励办法、组织领导等。

②推荐。按照党组织隶属关系，采取自下而上、上下结合的方式组织党员和党组织进行推荐，逐级研究提出推荐对象。

③考察。党组织对推荐对象进行考察，多方面听取党员、干部、群众的意见，征求纪检监察、巡视巡察、政法（包括公安、检察院、法院、司法）、卫生健康、信访等部门意见。其中，对双重管理的党组织及党员干部，按管理权限征求其上一级主管部门意见。对党员领导干部，须核查个人有关事项报告。经考察合格后，向开展表彰的党组织提出建议表彰对象。

④审核。开展表彰的党组织对建议表彰对象进行审核。经审核符合条件的，确定为拟表彰对象。

⑤公示。开展表彰的党组织对拟表彰对象进行公示。公示期一般为5个工作日。

⑥决定。开展表彰的党组织召开会议，集体研究确定表彰对象，作出表彰决定。

（6）表彰方式。开展表彰的党组织一般应当举行表彰大会，颁布表彰决定，对获得表彰的党员颁发证书，可以同时颁发奖章；对获得表彰的党组织颁发证书、奖牌。

（7）及时性表彰。省委和市县党委及其派出的代表机关、国家工作部门党委，根据工作需要，对符合条件的党员和党组织，可以开展及时性表彰。及时性表彰数量根据实际情况确定，可以适当简化工作程序。

4. 纪念章

经党中央批准，省委可以单独或者与省政府等联合向参与特定时期、特定领域重大工作的党员颁发荣誉性纪念章。纪念章名称应当冠以体现特定时期、特定领域重大工作特点的限定词，一般不分级分类。

（三）管理

1. 党组织应当运用党报党刊、广播电视和网络媒体，采取多种形式，广泛宣传报道党内功勋荣誉表彰获得者的先进事迹和精神风范。应当经常了解党内功勋荣誉表彰获得者的生产、工作、学习和生活等情况，听取意见建议，帮助解决困难，组织开展学习培训、参观考察、走访慰问等活动，做好服务管理工作。

2. 党内功勋荣誉表彰获得者应当发扬成绩、保持荣誉，发挥好引领带动作用。

3. 党内功勋荣誉表彰获得者有严重违纪违法行为、影响恶劣的，或者隐瞒情况、弄虚作假骗取功勋荣誉表彰的，由授予的党组织予以撤销并在一定范围内通报，收回其证书及勋章、奖章、奖牌等，撤销其获得的待遇，并追缴其所获奖金等物质奖励。

4. 党组织应当将授予或者撤销党员党内功勋荣誉表彰的相关材料，存入个人档案。

5. 党内功勋荣誉表彰的证书及勋章、奖章、奖牌、纪念章，不得出售、出租或者用于从事其他营利性活动。

七、党费收缴使用管理

向党组织交纳党费，是共产党员必须具备的起码条件，是党员对党组织应尽的义务。党费收缴、使用和管理，是党的基层组织建设和党员队伍建设中的一项重要工作。

（一）党费收缴

基层党组织年初核定党员月交纳党费数额，年内一般不变动。年内工资晋档、职务晋升以及普调工资可以待下年度重新核定。党员月交纳党费数额=党费交纳基数×党费交纳的比例。

1. 党费交纳基数

按月领取工资的党员交纳党费的基数包括：企业人员工资收入中的固定部分（基本工资、岗位工资）和活的部分（奖金）。列入交纳党费计算基数的津贴补贴是指：根据国家关于规范津贴补贴的有关规定，对干部职工普遍发放的规范津贴补贴（工作性津贴和生活性补贴）。

（1）党费计算基数不包括以下项目：个人所得税，养老保险、医疗保险、失业保险、工伤保险、生育保险、住房公积金（含个人和单位缴纳部分），职业年金、企业年金，住房补贴、交通补贴、公务用车补贴、通讯补贴、加班补贴、误餐补贴、取暖费、防暑降温费、物业费等改革性补贴，以及针对少数地区、部分单位、特殊岗位、部分人员发放的津贴补贴。

（2）企业人员党员不定期、非普遍发放的奖金和绩效工资不列入党费计算基数。

（3）实行年薪制人员党员，每月以当月实际领取的薪酬收入为党费计算基数。

（4）科研人员党员在促进科技成果转移转化中取得的奖励和报酬，不列入党费计算基数。

（5）离退休干部、职工党员交纳党费，以基本离退休费或基本养老金为党费计算基数，不包括津补贴。对已纳入社保发放离退休工资且工资不好区分基本养老金和津补贴的，可按照本单位同等收入离退休干部、职工党员交纳党费数额大致相当的原则确定党费交纳基数。

2. 党费交纳的比例

（1）党员交纳党费基数在3000元以下（含3000元）者，交纳基数的0.5%；3000元以上至5000元（含5000元）者交纳1%；5000元以上至10000元（含10000元）者，交纳1.5%；10000元以上者，交纳2%。

（2）离退休干部、职工中的党员，每月交纳党费基数在5000元以下（含5000元）的按0.5%交纳党费，5000元以上的按1%交纳党费。

3. 基本要求

（1）自觉。党员交纳党费应当做到自觉、主动，一般应由本人亲自交给党支部或党小组负责收缴党费的同志。

（2）按时。按照党章要求和有关规定，党员交纳党费一般应当按月交纳，不能无故拖延。如遇到特殊情况，经党支部同意，可以预交或补交党费，但预交或补交党费的时间一般不得超过 6 个月。对无正当理由，连续 6 个月不交纳党费的，按自行脱党处理。

（3）足额。党员交纳党费应当根据个人的实际收入，按照规定的比例和标准交纳，不准隐瞒收入或减小交纳党费基数少交党费。基层党组织年初核定党员月交纳党费数额，年内一般不变动。每名党员月交纳党费数额一般不超过 1000 元，根据自愿可以多交，自愿一次多交 1000 元以上的，比照交纳大额党费有关规定办理。

4. 大额党费

自愿一次多交纳 1000 元以上的党费，全部上缴中央。具体办理方法是，由党员所在基层党委代收后按程序逐级上缴，同时提供该党员简要情况（主要包括党员姓名、性别、出生年月、入党时间、工作单位及职务、简要现实表现、交纳大额党费的主要考虑），由省级党委组织部门汇总转交中央组织部。

（二）党费使用

1. 使用原则

使用党费应坚持“统筹安排、量入为出、收支平衡、略有结余”的原则。党费必须用于党的活动，主要作为党员教育经费的补充。

2. 使用范围

（1）培训党员。主要用于对广大党员进行政治理论、实用技术等方面的培训，以及开展主题实践教育活动所发生的费用。

（2）订阅或购买用于开展党员教育的报刊、资料、音像制品和设备。必须是直接用于订阅和购买以党员教育为主要目的的报刊、资料、音像制品和设备。对于冒用党员教育工作的开支不能使用党费。

（3）表彰先进基层党组织、优秀共产党员和优秀党务工作者。包括购买或制作奖状、荣誉证书、奖牌、奖章、奖品的费用，表彰大会会议资料的印制费用、会议室的租赁费用等，也包括必要的现金奖励费用。表彰应以精神鼓励为主，不提倡过高的物质奖励。

（4）补助生活困难的党员。包括用于对老党员的定期生活补贴、对生活困难党员的一次性生活补助，以及对老党员、生活困难党员发放慰问物品的费用。

（5）补助遭受严重自然灾害的党员和修缮因灾受损的基层党员教育设施。包括用于直接发放慰问金、救灾物资给受灾党员，修缮基层党组织因灾受损的活动场所、电教设备等教育设施的费用。

在遵循党费使用五项基本用途的前提下，以下具体使用项目可以从党费中列支：

（1）教育培训党员和入党积极分子、基层党务工作者所产生的住宿费、伙食费、交通费、师资费、场地费、资料费、门票费、讲解费等。

（2）开展“三会一课”、创先争优、党组织换届以及党内集中学习教育所产生的会议费等。

（3）党内表彰所需费用。

（4）修缮、新建基层党组织活动场所、为活动场所配置必要设施等所产生的相关费用。

（5）编印党员教育培训教材和印制入党志愿书、党员组织关系介绍信、党员证明信、流动党员活动证、党费证、党员档案等所产生的工本费，以及购买党徽党旗等费用。

（6）党费财务管理中发生的购买支票、转账手续费等相关费用。上述项目的开支标准，参照财政部有关规定执行。

3. 审批制度

建立健全党费使用审批制度，是保证正确合理使用党费的重要措施。

（1）明确审批权限。使用和下拨党费，必须集体讨论决定，不得个人或者少数人说了算。请求下拨党费的请示，应当向上一级党组织提出，不得越级申请。

（2）履行审批手续。党费开支的所有票证和单据，要按照审批权限经有关负责人和经手人签字，证明具体用途方可入账。

（3）严格使用范围。对于不符合党费使用范围的，不得在党费中开支。

4. 注意事项

（1）党支部使用上级党组织划拨的活动经费须经集体讨论决定，不能个人或者少数人说了算。开展主题党日、创先争优等活动，一般应召开支委会研究制定活动方案，报上级党组织同意后组织实施。同时，要定期向本支部党员公布上级党组织划拨的活动经费使用管理情况。

（2）党支部活动经费的开支，应本着勤俭节约的原则，执行相关的财务制度。报销费用时，原则上需提供规范的财务票据和凭证。特殊情况下，确实无法取得财务票据和凭证的，如开展支部活动购买工作简餐、矿泉水，看望慰问生病住院党员购买果篮、鲜花，悼念去世党员购买花圈、挽联等不能取得财务票据和凭证的，可由经办人员出具情况说明，党支部书记对支出的真实性、合规性审核把关并签字，按程序审批后，将情况说明代作原始凭证。

（3）党支部使用党费新建（修缮）基层党组织活动场所、发展壮大村级集体经济等，要严格遵循党费使用和财务管理相关规定，不得予以变通。

（三）党费管理

党费由党委组织部门代党委统一管理。党费的具体管理工作（包括党费支出计划的制订、审批，党费使用项目的报批、审批，党费收缴、使用和管理情况报告的起草，党费工作的检查监督等工作）由各级党委组织部门承担党员教育管理职能的内设机构承办。

党费的具体财务工作（包括资金核算、往来结算、会计核算、账务管理、会计监督等）由各级党委组织部门内设的财务机构或者同级党委的财务机构代办。必须指定专人负责，实行会计、出纳分设。

党费应当以党委或党委组织部门的名义单独设立银行账户，必须存入中国工商银行、中国农业银行、中国银行、中国建设银行、交通银行、中国邮政储蓄银行，不得存入其他银行或者非银行金融机构。党费利息是党费收入的一部分，不得挪作他用。依法保障党费安全，不得利用党费账户从事经济活动，不得将党费用于购买国债以外的投资。

党费收缴、使用和管理的情况要作为党务公开的一项重要内容。党的基层委员会应当在党员大会或者党的代表大会上，向大会报告（或书面报告）党费收缴、使用和管理情况，接受党员或者党的代表大会代表的审议和监督。

八、党内民主和监督

1. 国有企业党组织应当落实党员的知情权、参与权、选举权、监督权，畅通党员参与党内事务的途径，推进党务公开，建立健全党员定期评议党组织领导班子等制度。落实党员代表大会代表任期制，健全代表联系党员群众等制度，积极反映基层党组织和党员意见建议。

2. 落实全面从严治党责任，强化政治监督，加强对党的理论和路线方针政策以及重大决策部署贯彻落实的监督检查。严格落实中央八项规定及其实施细则精神，坚决反对形式主义、官僚主义、享乐主义和奢靡之风。加强对制度执行的监督，加强对企业关键岗位、重要人员特别是主要负责人的监督，强化对权力集中、资金密集、资源富集、资产聚集的重点部门和单位的监督，突出“三重一大”决策、工程招投标、改制重组、产权变更和交易等重点环节的监督，严肃查处侵吞挥霍国有资产、利益输送等违规违纪问题。问题严重的，应当及时向上级党组织报告。

3. 落实党内监督责任，建立健全党内监督制度机制，强化日常管理和监督，充分发挥内设纪检组织、党委工作机构、基层党组织和党员的监督作用。加强对企业领导人员的党性教育、宗旨教育、警示教育，落实谈心谈话制度，加大提醒、函询、诫勉等力度，通过巡视巡察、考察考核、调研督导、处理信访举报、抽查核实个人有关事项报告等方式，督促企业领导人员依规依法用权、廉洁履职。

4. 善用企业监事会、审计、法律、财务等监督力量，发挥职工群众监督、社会监督和舆论监督作用，推动各类监督有机贯通、相互协调，形成监督合力，提高监督效能。

5. 国有企业内设纪检组织履行监督执纪问责职责，协助党委推进全面从严治党、加强党风建设和组织协调反腐败工作，精准运用监督执纪“四种形态”，坚决惩治和预防腐败。

6. 各级纪委监委派驻企业的纪检监察机构根据授权履行纪检、监察职责，代表上级纪委监委对企业党委（党组）实行监督，督促推动国有企业党委（党组）落实全面从严治党主体责任。

附录 【参考文本】

1. ×××党支部关于对×××同志按自行脱党处理的请示（例文）
2. ×××党委关于同意对×××同志按自行脱党处理的批复（例文）

1. ×××党支部关于对×××同志按自行脱党处理的请示（例文）

×××党支部关于对×××同志
按自行脱党处理的请示

×××党委：

×××，男（女），汉族，××××年××月生，××省××市人，大学文化，身份证号：×××××。××××年××月加入中国共产党，××××年××月参加工作，现为××（职业）。

交纳党费是党员对党组织应尽的义务，也是党员必须具备的起码条件。但×××自××××年××月至今，没有正当理由，已连续六个月以上不交纳党费。本着对组织和同志负责，党支部×××、×××同志曾分别找×××谈过话，向其了解情况，说明党员须履行党员义务，按时足额交纳党费的道理，并对其进行了批评教育，但其不接受教育，且仍坚持不改，××××年××月至××月的党费至今仍未补交。

为贯彻全面从严治党要求，我支部于××××年××月××日召开支部大会，对支委会关于对×××同志按自行脱党处理的意见进行了讨论。在充分讨论的基础上，采用××方式进行了表决。大会应到会有表决权党员×人，实到会有表决权党员×人，经表决，×人同意、×人反对、×人弃权。根据党章有关规定和少数服从多数的原则，支部大会作出对×××同志按自行脱党处理，从党内除名的决议。

妥否，请批示。

中共×××支部委员会

××××年××月××日

2. ×××党委关于同意对×××同志按自行脱党处理的批复（例文）

×××党委关于同意对×××同志按自行脱党处理的批复

×××党支部：

《关于对×××同志按自行脱党处理的请示》收悉。

经党委会审议，同意×××党支部支部大会的决议和你党总支部委员会审查意见，对×××同志按自行脱党处理并从党内除名。

中共×××委员会

××××年××月××日

第七章 国有企业党的建设领导和保障

2019年12月30日中共中央发布《中国共产党国有企业基层组织工作条例（试行）》，明确了新时代加强国有企业党的建设的基本遵循，对于完善中国特色现代企业制度，增强国有经济竞争力、创新力、控制力、影响力、抗风险能力，做强做优做大国有资本，具有十分重要的意义。

一、国有企业党建工作的领导

1. 各级党委应当把国有企业党的建设纳入整体工作部署和党的建设总体规划，按照管人管党建相统一的原则，健全上下贯通、执行有力的严密体系，形成党委统一领导、党委组织部门牵头抓总、国有资产监管部门党组（党委）具体指导和日常管理、有关部门密切配合、企业党组织履职尽责的工作格局。

2. 中央企业直属企业（单位）党建工作，以中央企业党委（党组）领导、指导为主，企业所在地的市地以上党委协助。

3. 中管金融企业党委垂直领导本系统的党组织，负责抓好本系统党建工作。

二、国有企业党的领导和公司治理

习近平总书记强调，坚持党对国有企业的领导是重大政治原则，必须一以贯之；建立现代企业制度是国有企业改革的方向，也必须一以贯之。中国特色现代国有企业制度，“特”就特在把党的领导融入公司治理各环节，把企业党组织内嵌到公司治理结构之中，明确和落实党组织在公司法人治理结构中的法定地位，做到组织落实、干部到位、职责明确、监督严格。

（一）党组织在公司治理结构中的法定地位

国有企业应当将党建工作要求写入公司章程，写明党组织的职责权限、机构设置、运行机制、基础保障等重要事项，明确党组织研究讨论是董事会、经理层决策重大问题的前置程序，落实党组织在公司治理结构中的法定地位。

（二）“双向进入、交叉任职”领导体制

1. 坚持和完善“双向进入、交叉任职”领导体制，符合条件的党委（党组）班子成员可以通过法定程序进入董事会、监事会、经理层，董事会、监事会、经理层成员中符合条件的党员可以依照有关规定和程序进入党委（党组）。

2. 党委（党组）书记、董事长一般由一人担任，党员总经理担任副书记。确因工作需要由上级企业领导人员兼任董事长的，根据企业实际，党委书记可以由党员总经理担任，也可以单独配备。

3. 不设董事会只设执行董事的独立法人企业，党委书记和执行董事一般由一人担任。总经理单设且是党员的，一般应当担任党委副书记。

4. 分公司等非独立法人企业，党委书记和总经理是否分设，结合实际确定。分设的一般由党委书记担任副总经理、党员总经理担任党委副书记。

5. 中央企业党委（党组）配备专职副书记，专职副书记一般进入董事会且不在经理层任职，专责抓好党建工作。规模较大、职工和党员人数较多的中央企业所属企业（单位）和地方国有企业党委，可以配备专职副书记。国有企业党委（党组）班子中的内设纪检组织负责人，一般不兼任其他职务，确需兼任的，报上级党组织批准。

6. 国有企业党组织实行集体领导和个人分工负责相结合的制度，进入董事会、监事会、经理层的党组织领导班子成员必须落实党组织决定。

（三）重大经营管理事项研究的内容和要求

1. 事项内容。

国有企业重大经营管理事项必须经党委（党组）研究讨论后，再由董事会或者经理层作出决定。研究讨论的事项主要包括：

（1）贯彻党中央决策部署和落实国家发展战略的重大举措；

（2）企业发展战略、中长期发展规划，重要改革方案；

（3）企业资产重组、产权转让、资本运作和大额投资中的原则性方向性问题；

（4）企业组织架构设置和调整，重要规章制度的制定和修改；

（5）涉及企业安全生产、维护稳定、职工权益、社会责任等方面的重大

事项;

(6)其他应当由党委(党组)研究讨论的重要事项。

2. 研究要求。

(1)国有企业党委(党组)应当结合企业实际制定研究讨论的事项清单,厘清党委(党组)和董事会、监事会、经理层等其他治理主体的权责;

(2)具有人财物重大事项决策权且不设党委的独立法人企业的党支部(党总支),一般由党员负责人担任书记和委员,由党支部(党总支)对企业重大事项进行集体研究把关。

(四)企业领导人和人才工作

1. 国有企业党组织应当按照干部管理权限,规范动议提名、组织考察、讨论决定等程序,落实对党忠诚、勇于创新、治企有方、兴企有为、清正廉洁的要求,做好选配企业领导人员工作,加大优秀年轻领导人员培养选拔力度,加强企业领导人员管理监督,保证党对干部人事工作的领导权和对重要干部的管理权。

2. 实施人才强企战略,健全人才培养、引进、使用机制,重点做好企业经营管理人才、专业技术人才、高技能人才以及特殊领域紧缺人才工作,激发和保护企业家精神,营造鼓励创新创业的良好环境。

(五)民主管理制度

1. 健全以职工代表大会为基本形式的民主管理制度,探索职工参与管理的有效方式,推进厂务公开、业务公开,保障职工知情权、参与权、表达权、监督权,维护职工合法权益。

2. 重大决策应当听取职工意见,涉及职工切身利益的重大问题必须经过职工代表大会或者职工大会审议。

3. 坚持和完善职工董事制度、职工监事制度,保证职工代表有序参与公司治理。

三、国有企业党建工作责任落实

1. 国有企业党组织履行党的建设主体责任,书记履行第一责任人职责,专职副书记履行直接责任,内设纪检组织负责人履行监督责任,党组织领导班子其他成员履行"一岗双责",董事会、监事会和经理层党员成员应当积极支持、主动参与企业党建工作。

2. 各级党组织应当强化党建工作责任制落实情况的督促检查，层层传导压力，推动工作落实。

四、国有企业党建工作考核运用

1. 全面推行党组织书记抓基层党建述职评议考核。强化考核结果运用，考核结果在一定范围内通报，并作为企业领导人员政治素质考察和综合考核评价的重要依据。

2. 企业党组织每年年初向上级党组织全面报告上年度党建工作情况，党组织领导班子成员定期向本企业党组织报告抓党建工作情况。

五、国有企业党建工作机构设置

1. 国有企业党委按照有利于加强党的工作和精干高效协调原则，根据实际需要设立办公室、组织部、宣传部等工作机构，有关机构可以与企业职能相近的管理部门合署办公。

2. 领导人员管理和基层党组织建设一般由一个部门统一负责，分属两个部门的应当由同一个领导班子成员分管。

六、国有企业党务工作人员配备

1. 根据企业职工人数和实际需要，配备一定比例专兼职党务工作人员。

2. 选优配强党组织书记，把党支部书记岗位作为培养选拔企业领导人员的重要台阶。

3. 注重选拔政治素质好、熟悉经营管理、作风正派、在职工群众中有威信的党员骨干做企业党建工作，把党务工作岗位作为培养企业复合型人才的重要平台。

4. 严格落实同职级、同待遇政策，推动党务工作人员与其他经营管理人员双向交流。

5. 加强对党支部书记和党务工作人员的培训，确保党支部书记和党务工作人员每年至少参加 1 次集中培训。新任党支部书记一般应当在半年内完成任职培训。

七、国有企业党建工作经费保障

1. 通过纳入管理费用、党费留存等渠道，保障企业党组织工作经费，并向生产经营一线倾斜。纳入管理费用的部分，一般按照企业上年度职工工资总额1%的比例安排，由企业纳入年度预算。整合利用各类资源，建好用好党组织活动阵地。

2. 建立党支部工作经常性督查指导机制，推进党支部标准化、规范化建设，抓好软弱涣散基层党组织整顿提升。注重运用网络信息化手段和新媒体平台，增强党组织活动和党员教育管理工作的吸引力、实效性。

国有企业党建工作常用制度文件目录

1. 《中国共产党章程》
2. 《关于新形势下党内政治生活的若干准则》
3. 《中国共产党国有企业基层组织工作条例（试行）》
4. 《中国共产党支部工作条例（试行）》
5. 《中国共产党基层组织选举工作条例》
6. 《中国共产党党员教育管理工作条例》
7. 《关于中国共产党党费收缴、使用和管理的规定》
8. 《中国共产党发展党员工作细则》
9. 《关于进一步规范党费工作的通知》
10. 《中共中央关于加强党的政治建设的意见》
11. 《中国共产党纪律处分条例》
12. 《关于实行“双推双评三全程”进一步规范发展党员工作的意见》

后　记

2019年7月，党中央召开中央和国家机关党的建设工作会议，习近平总书记出席并发表重要讲话，这在党的历史上是第一次，对于在新的历史起点上加强各级机关党的建设具有重大而深远的意义。为适应新形势新要求，更好推动各领域党建工作高质量发展，河南省委直属机关工委将分类别编写基层党组织标准化规范化建设丛书提上日程。历经制定方案、编写大纲、起草初稿、征求意见、反复审校等，《机关基层党组织工作手册》《事业单位基层党组织工作手册》《国有企业基层党组织工作手册》系列丛书付梓印刷。

这套丛书编写工作由河南省委直属机关工委统筹组织，河南省税务局、河南省市场监督管理局、国网河南省电力公司分别承接了机关、事业单位、国有企业基层党组织工作手册起草工作。编写过程中，参考了党建读物出版社“组织工作基本丛书”相关内容，借鉴了相关单位研究成果，得到了河南省委组织部的关怀和指导，以及部分省直和中央驻豫单位机关党委的大力支持，在此一并表示最诚挚的感谢。

鉴于时间仓促、水平有限，书中难免有疏漏之处，恳请广大党务工作者、党员同志以及读者朋友批评指正，以便我们持续改进，不断完善。

编　者

2021年9月